教員をめざす人の
体育指導法

教えることが楽しくなるための理論と実践

柳川美麿 監修
岡田悠佑・根本想 編

執筆者一覧

監 修

　柳川 美麿（育英大学）

編 集

　岡田 悠佑（明治学院大学）
　根本　想（育英大学）

執筆者一覧（五十音順）

　金澤 翔一（山梨大学）……………第2部第4章 第5節
　木浪 龍太郎（鹿児島大学）………第2部第6章 第1節・第3節・第4節
　正保 佳史（育英大学）……………第2部第1章
　鈴木 康介（日本体育大学）………第1部第2章、第2部第3章
　乳井 勇二（育英大学）……………第2部第8章 第1節・第2節・第4節・コラム5
　土屋 陽祐（明治学院大学）………コラム6・コラム7
　東海林 沙貴（中部学院大学）……第1部第3章、第2部第7章
　冨田 幸祐（中京大学）……………コラム2
　根本　想（前出）……………………第1部第1章、第2部第4章 第1節・第2節・第3節、
　　　　　　　　　　　　　　　　　　コラム1
　日髙 裕介（育英大学）……………第2部第5章 第2節、コラム3
　藤井 一貴（育英大学）……………第2部第5章 第1節・第3節・第4節、コラム4
　松本 隆太郎（育英大学）…………第2部第6章 第2節
　宮尾 夏姫（奈良教育大学）………第2部第2章
　安田 純輝（札幌国際大学）………第2部第4章 第4節
　吉井 健人（育英大学）……………第1部第4章
　和田 博史（育英大学）……………第2部第8章 第3節

はじめに

「教員ってブラックなんですよね？」

　本書の執筆者である教員養成課程を担う大学教員は、この質問を学生から受けて答えに窮した経験があります。近年の教員という職業に対するネガティブなイメージの影響もあってか、教員採用試験の受験者数が激減しており、教員不足が社会問題化していることはご存じかと思います。実際に、文部科学省が2024（令和6）年に公表した調査では、小学校では2021（令和3）年の始業日時点で2,000人以上の教員が不足しており、少人数指導のために配置された教員や主幹教諭・指導教諭・教務主任といった職務にあたる教員が代替する等の方法で対処していることや、中学校及び高等学校で当該教科の教員が不足して授業が行えない学校があることが報告されています。さらに、このような教員のなり手不足を解消するために採用試験の複数回実施や、3年次の大学生を対象とした採用試験の導入といった取り組みを行う自治体も出てきましたが、報道によると、早期に採用試験を実施して合格した学生の7割近くが辞退するという事態も起こっています。一方で、これまで以上に教員や教員養成には大きな期待がかけられています。文部科学省は、2021（令和3）年に公開した答申「『令和の日本型学校教育』の構築を目指して」において、社会の在り方の変化が激しい「Society5.0時代」や先行き不透明な「予測困難な時代」に求められる教員や学校の役割やめざすべき姿として、次のような理念を掲げています。

- 学校教育を取り巻く環境の変化を前向きに受け止め、教職生涯を通じて学び続け、子供一人一人の学びを最大限に引き出し、主体的な学びを支援する伴走者としての役割を果たしている
- 多様な人材の確保や教師の資質・能力の向上により質の高い教職員集団が実現し、多様なスタッフ等とチームとなり、校長のリーダーシップの下、家庭や地域と連携しつつ学校が運営されている
- 働き方改革の実現や教職の魅力発信、新時代の学びを支える環境整備により教師が創造的で魅力ある仕事であることが再認識され、志望者が増加し、教師自身も志気を高め、誇りを持って働くことができている

　このような理念を実現するために、近年多くの大学は、学校でのボランティア活動等の実践的・体験的な授業を設置して教員養成を行っています。教員養成課程を有する学部・学科への進学者の多くは、少なくとも入学間もない時期には将来的に教員になることをイメージしています。そのため、早い段階から学校のリアルを見たり体験したりするこ

とで、入職後に必要な実践的な指導力を育成するという狙いがあります。しかし、このような期待とは裏腹に、学校現場で実践的・体験的な体験をすればするほど、教員に対するネガティブなイメージが増幅し、一般企業への就職に進路変更する学生が少なくありません。そのような学生が、学校での教員の様子を目の当たりにして「教員は忙しそう」、「子どもへの対応が大変そう」といった話をしている場面を見かけることもよくあります。また、ボランティア先の学校の教員から「教員は大変だからやめた方が良いよ」と言われて、個別で相談に来る学生もいます。このように、教員志望の学生に実践的な学びを提供すればするほど、教員のネガティブなイメージが増幅して教員をめざすことを辞めてしまうという負の連鎖が目の前で起こっています。

　本書の背景には、このような教育をめぐる現状、つまり教員という職業に対するネガティブなイメージと社会の変化に対応した教育を実現するための教員（養成）への期待の高まりというアンビバレントな状況を眼前にしながらも、未来の教員を養成することに奮闘する大学教員の想いがあります。

　そして、教員養成課程を担う大学教員にできることは何だろうかという問いに対する回答が本書です。「体育科指導法の授業の充実」です。結局のところ、目の前にいる学生が体育科指導法の授業を通して、「体育の教員になりたい」、「体育の授業をやってみたい」、「体育の授業を通して子どもにスポーツを好きになってほしい」といった想いを醸成することを疎かにしていては、何も変わっていきません。本書が、学校教育・体育を少しでも良いものにしていく一助となればと願っています。

　最後に、本書は単なる教科書ではなく、教員を志す学生にとって「未来の教室」を思い描きながら学びを深めるための道標でありたいと願っています。読者が本書を活用して得た知識や考えを、将来、実際の教育現場で形にし、体育授業を通じて子どもたちの成長に寄与することを心より期待しています。

2025年2月

監修者・編者一同

本書の構成と特長

▶ 本書は、小学校及び中学校（保健体育科）、高等学校（保健体育科）の教員免許の取得を希望する学生が受講する「(保健)体育科指導法」（体育指導法等の表現もあり）で教科書として使用されることを想定しています。そのため、第1部（理論編）と第2部（実践編）に大別して、基礎的な内容を整理しました。

▶ 第1部（理論編）では、体育の授業を構成する目標・内容、教材・教具、学習指導、学習評価の4つのテーマについて、授業づくりを行うために必要不可欠な内容を簡潔に整理しました。講義でテーマに関する内容をまとめたり、グループでの発表を通じて学びを深めましょう。

　第2部（実践編）では、運動領域ごとに、領域の特性に加えて、授業づくりのポイントを動機づけ（導入）、学習方法（展開）、振り返り方（まとめ）という授業展開に基づいて整理しました。どちらも、「体育科指導法」において一般的に指導されている内容を厳選し、初学者でも理解しやすいように整理しています。体育科指導法の授業で一般的な指導案や単元計画の作成の際の手がかりになることはもちろんのこと、模擬授業や授業観察の振り返りを行う際にも手がかりになります。

▶ 第1部（理論編）及び第2部（実践編）の全ての章の末尾には、「より深く学ぶために」と「確認テスト（基礎・応用）」という項目を設定しました。

　「より深く学ぶために」では、担当するテーマ及び運動領域に関して、単に知識を習得するだけでなく、教員をめざす学生である読者の皆さんが興味・関心をもって体育科指導法の授業を受けることができるためのアドバイスを示しました。また、「確認テスト」では、各テーマの内容を理解するための設問（基礎問題）だけでなく、体育授業を実施する際に起こりうる対処が難しい状況にどのように対処するのかを考えてもらう設問（応用問題）をあげました。これらの内容には、各テーマの執筆者からの、教員免許を取得するだけでなく実際に教員になって体育の授業をやってみたいと思ってほしい、という想いが込められています。どちらについても、各テーマについての学習後の振り返りの中でこれらに取り組み、学びを深めましょう。

▶ 章の間に、「コラム」という項目を設定しました。「コラム」では、大学における体育関係の授業である「体育原理」、「体育史」、「体育社会学」、「体育心理学」、「体育経営学」、そして「一般体育」といった体育関係の授業に関する指導方法についても示しました。これらの大学での体育関係の授業は、体育授業で扱う運動・スポーツについてのより深い理解をするうえで重要であり、体育科指導法と有機的に結びつくことで運動・スポーツへの深い理解につながると考えています。各テーマについての学習を進めるうえで、大学での体育に関連する専門分野の学びを振り返ったり、分野間の関連性を考えたりすることが求められるでしょう。コラムを通して、体育の面白さや社会的な意義等の側面に触れ、その魅力を改めて考える機会になることを期待しています。

目 次

執筆者一覧
はじめに
本書の構成と特長

第1部 理論編 −体育を教えるうえで知っておきたいこと−

第1章　目標・内容　　14

1 目標・内容の必要性 / 14
2 学習指導要領における体育の目標・内容の変遷 / 14
　1. 身体の教育（戦前期） / 14
　2. 身体運動による教育（終戦～1970年代中盤） / 15
　3. 身体運動・スポーツの教育（1970年代中盤～現代） / 16
3 体育の目標・内容のこれからを考えるために / 18

第2章　教材・教具　　20

1 教材・教具の必要性 / 20
2 教材について考える / 20
　1. 教材を考えるための視点 / 20
　2. 教材への向き合い方 / 22
3 教具について考える / 23
COLUMN 1　体育原理　「ジダン頭突き事件」を通してフェアプレイについて考える …… 26

第3章　学習指導　　27

1 学習指導の必要性 / 27
2 計画段階での「学習指導」 / 27
　1. 学習指導モデルとモデルに基づいた学習指導 / 27
　2. 学習指導モデルの選択 / 28
　3. 協同学習モデル / 29
3 実施段階での「学習指導」 / 31
　1. 四大教師行動 / 31
　2. 直接的指導・間接的指導 / 32

第4章　学習評価　35

1 学習評価の必要性　／　35
2 観点別学習状況の評価　／　35
　　1. 学習評価の構成　／　35
　　2. 各観点の内容　／　35
3 評価の課題と改善　／　36
4 カリキュラム・マネジメントと学習評価　／　37
5 学習評価の進め方　／　37
　　1. 勤務する学校の「年間の指導と評価の計画」を基にした評価規準の設定　／　38
　　2. 学習者の実態に応じた評価規準の設定　／　38
　　3. 評価する時期の工夫　／　38
　　4. 具体的な行動をもとにした評価規準の設定　／　38
　　5. フィードバックを意識した評価規準の設定　／　38
6 今後の展望　／　39
COLUMN 2　体育史　「ドーハの悲劇」を観る　41

第2部 実践編 －運動を教えるうえで知っておきたいこと－

第1章　体つくり運動　44

1 体つくり運動の特性　／　44
　　1. 体つくり運動とは　／　44
　　2. 学習内容の整理　／　44
2 体ほぐしの運動　／　45
　　1. 体ほぐしの運動とは　／　45
　　2. 授業づくりのポイント　／　45
3 体の動きを高める運動　／　46
　　1. 体の動きを高める運動とは　／　46
　　2. 授業づくりのポイント　／　47
4 実生活に生かす運動の計画　／　49
　　1. 実生活に生かす運動の計画とは　／　49
　　2. 授業づくりのポイント　／　49

第2章　器械運動　…… 53

1　器械運動の特性　／　53
　1. 器械運動とは　／　53
　2. 学習内容の整理　／　53

2　マット運動　／　54
　1. マット運動とは　／　54
　2. 授業づくりのポイント　／　55

3　鉄棒運動　／　56
　1. 鉄棒運動とは　／　56
　2. 授業づくりのポイント　／　57

4　平均台運動　／　58
　1. 平均台運動とは　／　58
　2. 授業づくりのポイント　／　59

5　跳び箱運動　／　60
　1. 跳び箱運動とは　／　60
　2. 授業づくりのポイント　／　61

COLUMN 3　体育社会学　映画『フラガール』から学ぶ地域社会とスポーツ …… 65

第3章　陸上競技　…… 66

1　陸上競技の特性　／　66
　1. 陸上競技とは　／　66
　2. 学習内容の整理　／　66

2　短距離走・リレー　／　67
　1. 短距離走・リレーとは　／　67
　2. 授業づくりのポイント　／　67

3　長距離走　／　69
　1. 長距離走とは　／　69
　2. 授業づくりのポイント　／　70

4　ハードル走　／　73
　1. ハードル走とは　／　73
　2. 授業づくりのポイント　／　73

5　走り幅跳び ／ 75
　　1. 走り幅跳びとは　／　75
　　2. 授業づくりのポイント　／　76
6　走り高跳び ／ 78
　　1. 走り高跳びとは　／　78
　　2. 授業づくりのポイント　／　79

第4章　水　泳　84

1　水泳の特性 ／ 84
　　1. 水泳とは　／　84
　　2. 学習内容の整理　／　84
2　クロール ／ 85
　　1. クロールとは　／　85
　　2. 授業づくりのポイント　／　85
3　平泳ぎ ／ 87
　　1. 平泳ぎとは　／　87
　　2. 授業づくりのポイント　／　88
4　背泳ぎ ／ 89
　　1. 背泳ぎとは　／　89
　　2. 授業づくりのポイント　／　90
5　バタフライ ／ 92
　　1. バタフライとは　／　92
　　2. 授業づくりのポイント　／　92

COLUMN 4　体育心理学　体育授業における動機づけ …… 96

第5章　球　技　97

1　球技の特性 ／ 97
　　1. 球技とは　／　97
　　2. 学習内容の整理　／　97
2　ゴール型 ／ 98
　　1. ゴール型とは　／　98
　　2. 授業づくりのポイント　／　98

3 ネット型 / 100
　1. ネット型とは / 100
　2. 授業づくりのポイント / 100
4 ベースボール型 / 102
　1. ベースボール型とは / 102
　2. 授業づくりのポイント / 102
COLUMN 5　体育経営管理学　日本の豊かなスポーツ資源 …………………………… 106

第6章　武　道 …………………………………………………………………………… 107

1 武道の特性 / 107
　1. 武道とは / 107
　2. 学習指導要領の整理 / 107
2 柔道 / 108
　1. 柔道とは / 108
　2. 授業づくりのポイント / 108
3 剣道 / 110
　1. 剣道とは / 110
　2. 授業づくりのポイント / 111
4 相撲 / 112
　1. 相撲とは / 112
　2. 授業づくりのポイント / 114

第7章　ダンス …………………………………………………………………………… 119

1 ダンスの特性 / 119
　1. ダンスとは / 119
　2. 学習指導要領の整理 / 119
2 創作ダンス / 120
　1. 創作ダンスとは / 120
　2. 授業づくりのポイント / 120
3 フォークダンス / 123
　1. フォークダンスとは / 123
　2. 授業づくりのポイント / 123

4 現代的なリズムのダンス ／ 125
　1. 現代的なリズムのダンスとは　／　125
　2. 授業づくりのポイント　／　126
COLUMN 6　一般体育　教養体育を通した「健康の保持・増進」 ……………………………………… 130

第8章　体育理論　131

1 体育理論の特性 ／ 131
　1. 体育理論とは　／　131
　2. 学習内容の整理　／　131
2 運動やスポーツの多様性・文化としてのスポーツの意義 ／ 132
　1. 運動やスポーツの多様性・文化としてのスポーツの意義とは　／　132
　2. 授業づくりのポイント　／　133
3 運動やスポーツが心身の発達に与える効果・安全及び効果的な学習の仕方 ／ 136
　1. 運動やスポーツが心身の発達に与える効果・安全及び
　　 効果的な学習の仕方とは　／　136
　2. 授業づくりのポイント　／　137
4 豊かなスポーツライフの設計 ／ 140
　1. 豊かなスポーツライフの設計とは　／　140
　2. 授業づくりのポイント　／　140
COLUMN 7　一般体育　教養体育を通した「チームワーク能力の育成」 ……………………… 146

引用・参考文献　／　147

················· **本書を活用される教員のみなさまへ** ·················

各章末に設けております「確認テスト（基礎・応用）」のワークシートと解答例（基礎のみ）を弊社ホームページの「書籍サポート」からダウンロードいただけます（無料）。ぜひご活用ください。

みらいホームページ　https://www.mirai-inc.jp/support/work_sheet/faculty_physical-education/index.html

第1部　理論編

体育を教えるうえで知っておきたいこと

第1章 目標・内容

1 目標・内容の必要性

　授業において、目標と内容を明確に設定することは、学習の方向性とその成果を決定づける要である。そのため、体系的かつ適切に構成された目標と内容を理解することは、授業全体の質を高めることにつながる。

　日本の学校体育における目標と内容は、文部科学省が定める学習指導要領によって法的に規定されており、これに基づいて全国で一貫した教育が実施されている。学習指導要領は、社会の変化や教育的ニーズに応じて定期的に見直されてきた。次節では、表1−1−1で示される学習指導要領における体育の目標と内容の変遷について詳述していく。

表1−1−1　学習指導要領における体育の目標・内容

時期	体育理念	主な目標	主な内容
戦前期	身体の教育	軍国主義的人間の形成	徒手体操、武道
終戦〜1950年代末	身体運動による教育	民主的人間の形成	スポーツ
1950年代末〜1970年代中盤		体力づくり	スポーツ
1970年代中盤〜2020年代	身体運動・スポーツの教育	生涯スポーツの主体的実践	スポーツ

2 学習指導要領における体育の目標・内容の変遷

1. 身体の教育（戦前期）

　1947（昭和22）年に制定された「学校体育指導要綱」は、日本における初の学習指導要領であり、戦後の体育に大きな影響を与えた。しかし、その前段階である戦前期においても、学校体育は国家政策の一環として展開されていた。そこで、戦前期の学校体育の目標と内容について記述する。

　この時期の学校体育は、国家の方針に基づき、特に明治期から昭和期にかけて富国強兵の政策のもとで、軍事的要素が強調された。体育は、兵士や労働者として国家に貢献できる強靭な人材を育成することを目的とし、身体的な鍛錬だけでなく、国家の軍事的・社会的目標に沿った人間形成が重視された。精神的な目標としては、忠誠心や従順な態度、国家への奉仕心を養うことが重視され、結果的に体育は国家への忠誠と奉仕を促進する教育としての役割を果たしていた。

　戦前期の学校体育の内容は「身体の教育」と「精神の教育」の二本柱で構成さ

れており、体操や兵式体操、器械運動が中心的な教材として採用され、体力と規律の向上をめざしていた。1941（昭和16）年に「国民学校令」が公布され、「体錬科」が導入されると、さらに精神的鍛錬が体系化され、教育全体に軍事的色彩が強まった。

具体的には、体操では身体の強化が、武道では精神的な強化が重視され、教練では身体と精神を統合する軍事教育が展開された。これにより、規律と忠誠心の養成が強調され、学校体育は国民が軍国主義的価値観に適応するための手段としてさらに強化された。

2. 身体運動による教育（終戦～1970年代中盤）

1）新体育の目標（終戦～1950年代末）

戦後の日本における学校体育は、軍国主義的な「身体の教育」に対する反省から、教育方針が大きく転換した。1947（昭和22）年に制定された「学校体育指導要綱」では、アメリカの経験主義教育[*1]の影響を受けた「新体育」が導入され、民主的な人間形成が主要な目標とされた。この新しい体育では、「身体の教育」から「身体運動による教育」への理念の転換が図られた。

「身体の教育」は、先述のとおり、身体の強化や発達を目的とし、軍事的背景に基づく教育方針であったが、「身体運動による教育」では、身体運動を手段とし、運動を通じた人間性や社会性の発達が重視された。運動そのものが目的ではなく、運動を通して得られる経験が教育の中心に据えられ、学習者の成長を促すことが重要視された。具体的には、スポーツやゲームを通じて、協力や問題解決能力、コミュニケーションスキルといった社会的能力を養うことが強調され、この理念が新体育の中心となった。

1947（昭和22）年の「学校体育指導要綱」、1949（昭和24）年の小学校学習指導要領、1951（昭和26）年の中学校・高等学校学習指導要領、1953（昭和28）年の小学校学習指導要領に示された新体育の目標は、民主的な生活態度の育成を目的とする社会性の発達（社会的目標）が中心であった。体育科においても、協力や連携を通じて社会的スキルを習得し、民主的な生活態度を形成することが重視された。また、アメリカの経験主義教育の影響を受け、学習者の日常の運動生活と体育科との関連が強調され、日常生活におけるレクリエーション活動の重要性も指摘された。これにより、学習者は身体運動を通じて、個々の成長だけでなく、集団での協力や社会的な行動様式を学ぶことがめざされた。

一方で、戦前の軍国主義的な「身体の教育」への反省から、健全な身体的

*1　経験主義教育
　学習者の実際の生活や体験を重視し、その中から学びを引き出す教育の一形態である。抽象的な理論や知識よりも、実際の経験に基づいた学びが重要視され、問題解決能力や協力、コミュニケーションといった社会的なスキルの育成が目的とされる。アメリカのデューイ（Dewey, J.）らが提唱した影響を受け、戦後の日本においても広く導入された。

発達をめざす身体的目標は、この時期には消極的に受け止められることが多かった。この変化は、戦前の体育が強調した身体の鍛錬から、身体運動を通じた教育に焦点を移した新体育の理念を反映している。

この時期の体育の内容は、上記の目標を踏まえ、戦前期の体操から脱却し、球技などの組織的ゲームが中心的に位置づけられた。これにより、学習者はスポーツやゲームを通じて、協力的な人間関係を築き、社会性を養うことが意図された。特に、組織的なゲーム活動は、学習者の主体的な参加を促し、仲間との協力を通じて民主的な生活態度を体得するための重要な手段とされた。

2）体力づくりを重視した目標（1950年代末～1970年代中盤）

1950年代末から1970年代中盤にかけて、学校体育において体力づくりが重要な目標として掲げられるようになった。この時期に改訂された学習指導要領では、1956（昭和31）年に高等学校、1958（昭和33）年に小・中学校、1960（昭和35）年に高等学校、1968（昭和43）年に小学校、1969（昭和44）年に中学校、1970（昭和45）年に高等学校で体力向上が一貫して強調された。

戦後の経験主義教育では基礎学力の低下が問題視され、これを受けて、科学的な体系を重視する系統主義教育[*2]へと移行した。体育科でも、運動技術の体系的な習得が目標となり、基礎的な運動能力や技能の向上が重要視されるようになった。さらに、1952年のヘルシンキオリンピックでの国際復帰や、1964（昭和39）年の東京オリンピックに向けた選手強化の必要性が高まり、学校体育においても基礎体力とスポーツ技能の向上が求められた。

加えて、高度経済成長期における急速な社会発展により、生活様式の変化や都市化、受験競争の激化が体力の低下を招いた。これに対応するため、学校体育では体力づくりの必要性が一層高まった。

この時期の学校体育の内容は、体力向上や技能習得が中心に据えられ、スポーツが引き続き重要な要素として位置づけられた。

3. 身体運動・スポーツの教育（1970年代中盤～現代）

1970年代中盤以降、社会が脱工業化に進む中で、人々の生活様式や価値観に大きな変化が生じ、スポーツは文化的活動としての地位を確立するに至った。1975年、ヨーロッパ評議会のスポーツ大臣会議ではヨーロッパ・スポーツ・フォー・オール憲章が採択され、1978年にはユネスコが体育・スポーツ国際憲章を採択し、スポーツへの参加がすべての人々にとっての権利として認識された。これにより、スポーツが健康だけでなく、生涯を通じて楽しむ

---

*2　系統主義教育
　学習内容を体系的・順序立てて教える教育の形態である。知識や技能を段階的に積み上げて学ぶことが重視され、学習者が理論的に理解し、系統立てて習得することが目的である。戦後の日本では、経験主義教育の反動として基礎学力を重視する系統主義教育への移行が見られた。

べき文化的活動としての位置づけが確立された。

　このような国際的な動向や社会の変化を受け、日本の学校体育においても、教育方針の見直しが行われるようになった。従来の「身体運動による教育」は、運動を手段として位置づけ、体力や技能の向上を主な目標としていたが、この時期に運動やスポーツそのものの価値を目的とする「身体運動・スポーツの教育」へと体育理念が転換された。この理念の転換により、学校体育におけるスポーツの意義も見直され、スポーツを通じて心身の発達だけでなく、運動そのものを楽しむことや、社会的な関わりを育むことが重視されるようになった。

　1977（昭和52）年の小・中学校学習指導要領及び1978（昭和53）年の高等学校学習指導要領では、従来の技能的目標、体力的目標、社会的目標が継続して設定されていたが、新たに身体運動やスポーツに対する愛好的な態度の育成が重要な目標として位置づけられた。これにより、運動を楽しむ姿勢が強調され、単なる技能習得や体力向上だけでなく、スポーツを通じた積極的な関わりが求められるようになった。

　1988（昭和63）年の小・中学校及び1989（平成元）年の高等学校学習指導要領からは、生涯スポーツにつながる能力の育成が上位目標として位置づけられ、1998（平成10）年の小・中学校及び1999（平成11）年の高等学校学習指導要領の改訂では、この目標をより具体的にするために「運動の学び方」が重視され、「心と体を一体としてとらえる」という観点が導入された。

　2008（平成20）年の小・中学校及び2009（平成21）年の高等学校学習指導要領では、技能、態度、思考・判断の教科内容がさらに明確に記述され、目標と内容の一貫性が強調された。現行の学習指導要領では、生涯スポーツを実現するための資質・能力の育成を主眼に置いていることに変わりはないが、目標の記載方法が変更され、体育の目標・内容は「知識及び技能」、「思考力、判断力、表現力等」、「学びに向かう力、人間性等」の3つの柱に基づいて整理されている。

　この時期の学校体育の内容は、引き続きスポーツを中心に展開されているが、従来の体力向上や技能習得に加え、スポーツそのものを楽しむ姿勢を育てることが重視されている。特に、現行の学習指導要領では、「豊かなスポーツライフ」を実現・継続するための資質・能力を育むために、「する・みる・支える・知る」といった多様なスポーツとの関わり方を身につけることが求められている。

3 体育の目標・内容のこれからを考えるために

これまで述べてきたように、体育の目標と内容は、時代や社会の要請に応じて変化してきた。今後の学校体育でも、「豊かなスポーツライフ」を実現し、継続するための資質や能力の育成が引き続き重要視されるだろう。学習指導要領に基づき、質の高い授業を展開することは、体育教員に課せられた責務である。

また、未来の体育を展望するには、現代社会の課題に対応することも欠かせない。少子高齢化やメンタルヘルスの問題、デジタル技術の進展など、新たな目標と内容が必要とされるだろう。さらに、明治期以降の日本に限らず、異なる時代や文化の体育的実践を参照することは、現代の課題に対する重要な視点を提供しうる。現代の課題だけでなく、過去の実践とも真摯に向き合うことで、新たな体育の目標や内容を模索し続けることが可能になるかもしれない。

より深く学ぶために

本章では、体育の授業づくりで重要な目標と内容について、学習指導要領をもとに整理しました。その際、社会的背景を説明することで、体育が時代とともに変化してきたことを示してきました。このような体育と社会の密接なつながりをより深く理解するためには、異なる時空間における体育を知ることが有効です。たとえば、古代ローマや中世ヨーロッパを舞台にした以下の2作品を参照することは、現代の学校体育における「常識」を再考する手がかりとなるでしょう。

『ROME［ローマ］』（2005年）は、古代ローマの共和政から帝政への転換期を背景に、2人のローマ軍兵士の運命を描く歴史ドラマです。軍事訓練の様子に加え、元老院での弁論の様子も描かれています。古代ローマでは、政治の場における弁論術が極めて重要であり、身ぶりや発声などの身体表現の教育も重視されていました。この視点をもって映像を観ることで、現代とは異なる体育的営みの実例を見出すことができるでしょう。

『大いなる沈黙へ』（2005年）は、中世ヨーロッパの修道院生活を描いたドキュメンタリーであり、祈りと労働が身体活動と密接に結びついていた修道士たちの生活を垣間見ることができます。

これらの作品は、当時の体育的営みを直接の主題としているわけではないですが、間接的にその姿を知る手がかりを提供しています。他にも異なる時代や文化における体育的実践に触れられる作品を探すことで、これからの体育のあり方をさらに深く考察できるでしょう。

確認テスト

❖ 基礎問題①
　戦前期の学校体育の目標と内容が軍事的性格を帯びていたのはなぜでしょうか。その背景を含めて説明してみましょう。

❖ 基礎問題②
　「身体の教育」から「身体運動による教育」へと戦後に大きく転換した理由と、その際に重視された目標を説明してみましょう。

❖ 基礎問題③
　1950年代末から1970年代中盤にかけて、学校体育で体力づくりが重視されるようになった社会的背景を説明してみましょう。

◆ 応用問題①
　生涯スポーツの実践者とはどのような人物か、具体的に考えてみましょう。

◆ 応用問題②
　AIの発達に伴って、将来的に日本における学校体育の目標・内容がどのように変化していくか、考えてみましょう。

第2章 教材・教具

1 教材・教具の必要性

　教員が教え、学習者が学ぶプロセスにおいて、学習者が学習内容にアプローチする媒介手段として機能するのが教材である。すなわち、学習者は各教科において、教材を通し学習内容を学んでいくこととなる。

　教材を考える際には、教科書を手がかりにするのが一般的である。教科書は、学習指導要領に示された内容を学習者が確実に学ぶことができるように、かつ多様な学習者が意欲的に学習を進められるように工夫して編纂されている。もちろん各教科においては教科書以外にも教材が様々に用意・活用され、豊かな学びが展開されているが、体育科・保健体育科においては、運動領域に関する教科書がないため、体育の授業を行う教員は、教材についての理解を深めておかなければならない。そこで本章では、体育における教材と、それに付随する教具について理解を深め、実際の授業に臨む際に教員として何を考えなければならないのかを明確にイメージできるようになることをねらいとしたい。

2 教材について考える

1. 教材を考えるための視点

　上述のように、体育科・保健体育科には、教科書がない。では教員は、すべての体育の教材を自身の手によってゼロからつくらなければならないのだろうか。もちろん、優れた学習成果を得ることのできる独自の教材をつくることに挑戦することは、自らの授業力向上にとって効果的である。しかし実際には、先人の授業実践から教材のアイデアを得ることの方が多い。ただし、それがとても良い教材だったとしても、自分の授業の対象者である学習者にとっても効果的である保証はない点には注意が必要である。すなわち、実際に教員として体育の教材を考える際には、先行して存在する教材について、様々な条件を勘案してつくり変えたり、直したりする必要があり、現実的にはゼロから教材をつくることよりも、そうしたつくり変えや修正をすることの方が多くなるのである。

　では、その際にどのような視点で、教材の良し悪しを判断すればよいだろうか。この点について岩田は「内容的視点」と「方法的視点」の2つの視点を示

している[1]。「内容的視点」とは「その教材が習得されるべき学習内容を典型的に含み持っていること」であり、「方法的視点」とは「その教材が学習者の主体的な諸条件に適合しており、学習意欲を喚起することができること」であるとしている。端的に言えば、学習者に学ばせたい学習内容に正対した教材であるかどうかを検討する視点が「内容的視点」であり、学習者が意欲的に取り組むことのできる教材であるかどうかを検討する視点が「方法的視点」となる。

1)「内容的視点」に基づく教材の修正

「内容的視点」を主とした教材の修正の例として、ゴール型の授業ではサッカーの練習でよく行われる「とりかご」というミニゲームを取り上げたい（図1-2-1）。「とりかご」は、簡単に言えば、鬼（ディフェンス）にボールをとられないように数人（オフェンス）でボールを回すゲームである。体育授業では「どうしたらパスがもらいやすくなるか考えて動こう」や、「空いている空間を使ってパスをもらえるようになろう」といった課題を設定して「とりかご」を行うことが多い。しかし実際に行われている「とりかご」では、オフェンスが移動することはほとんどない。このような状況は、サッカーのゲーム場面において、オフェンスが移動せずに立ち止まってボールを受けようとすることはないため、この「とりかご」は適切な教材とは言えない。つまり、「パスをもらうための動きや思考・判断」を学習内容に据えているにも関わらず、行われている「とりかご」ではそれを学ぶことが一切できていないという状況が生じる。これが「内容的視点」から見たエラーである。では、どのようにこの「とりかご」のルールを修正すればよいのだろうか。例えば、四角形のグリッドで行うのであれば、オフェンスを3人にして、「パスが出たら必ず残り2人は他の辺に移動する」という条件を加えると、オフェンスは次にどこに動くか、どこにパスを出せばよいのかを常に考えて動くようになることが期待できる。つまり、ルール

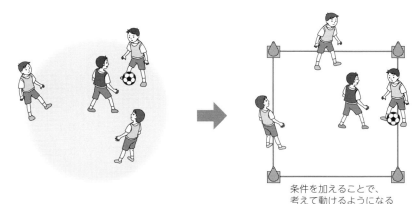

図1-2-1　ミニゲーム「とりかご」
出典：筆者作成

を修正した「とりかご」の方が、設定された学習内容を習得させるにあたってはより良い教材となる。これが、「内容的視点」に基づいた教材の修正の一例である。

2)「方法的視点」に基づく教材の修正

　次に、「方法的視点」を主とした教材の修正の例として「しっぽとり」を取りあげたい。「しっぽとり」は、スズランテープなどをズボンの腰にはさんでしっぽに見立て、チーム同士でしっぽを取り合い、取ったしっぽの総数を競うゲームである。これは、ゴール型のゲームへ発展させる鬼遊びの1つとして、相手と自分の位置関係を考えながら動けるようになることをねらいとして行われることが多い。では、この「しっぽとり」で最初にしっぽを取られてしまうのはどのような学習者だろうか。それは、上記のような相手と自分の位置関係を考えながら動くことが苦手な学習者である。こうした学習者が、早い段階でしっぽを取られ、ゲームから離脱してしまうと、意欲を失くすだけでなく、動きを学習する機会も失うことになる。では、こうした学習者を含むすべての学習者が「しっぽとり」に意欲的に取り組め、かつ学習機会を平等に保証するためにはどのようにルールを修正すれば良いだろうか。一つのアイデアは、復活ルールを設けることである。しっぽを取られても、しっぽの補給場所から新たなしっぽをつけてゲームに復帰することができるようにするのである。そうすることによって、例え早い段階でしっぽを取られてもゲームから離脱することなく、意欲的に相手のしっぽを取りにいくことができるようになる。もちろん、相手チームに勝つためにはなるべくしっぽを取られないように動くことが必要になることは変わらないので、相手と自分の位置関係を考えながら動かなければならない状況に変わりはない。これが、「方法的視点」を主とした教材の修正の一例である。

2. 教材への向き合い方

　教材について考える際には、それが教材をゼロから作成する場合であれ、既存の教材を利用する場合であれ、学習者に対してどのように機能するかを検討する必要がある。条件を変えた時に、学習者の様子はどのように変わるのか、学習者に提供してみた教材をより良く改善するためには何を変えると良いのか、といった発想を常に持ちながら教材に向き合うことが重要である。繰り返しになるが、教材は学習を媒介する手段であるため、どんな学習者にも適合する万能な教材というものは存在しない。したがって、教員としては、

教材と学習者の関わりを常に想像しながら教材と向き合う姿勢を、あるいはそのための視点を持つことを心がけるようにすることが大切である。

3 教具について考える

体育における教具とは、学習場面において特別な機能を果たすものに対して使われる用語である。しかし、他教科においては学習の際に使用する用具の類を教具と称することもあるが、体育では単に授業で使用される器具・用具のことを指すものではない。

岩田[1]によれば、体育における教具とは、「学習内容の習得を媒介する教材の有効性を高めるための手段として用いられる物体化された構成要素である」とされる。ここで重要になるのは、教材と教具との関係性を理解することである。例えばフラフープがあったとして、それを教具であるか用具であるかと問うことには意味がない。なぜなら、それが教具であるか用具であるかは、ある教材との関わりにおいてフラフープがどのように学習者に対して機能[*1]するか、あるいはその機能がどの程度強いかによるためである。体つくり運動でフラフープを使用して「腕・脚・腰で、地面に落とさずにフラフープを10回回す」という課題（教材）に挑戦することを考えた時に、使用されるフラフープは用具操作の対象物であり、用具であると捉えるのが一般的であろう。では、マット運動でフラフープを使用して、「前転を跳び前転に発展させる」という課題（教材）に取り組む際はどうだろう。マットに対して垂直に立てたフラフープを通り抜けるように前転をすると、フラフープの高さに応じて段階的に跳び前転へ発展させることができる。また、フラフープに体が当たったかどうかが、技のできばえに対するフィードバックにもなる。この場合、フラフープは学習者にとって、運動課題の情報や目安、できばえのフィードバックを与えるなどの機能を果たしているため、教具として捉えることができる。

つまり、同じ物でも、それが教具であるか用具であるかは、使用される文脈や教材との関係性に依存する。そのため教員が大切にするべき点は、それが教具であるか用具であるかを考える前に、学習者が学習内容をより合理的に学習内容を習得するためには何が使えるか、と常に考えることである。その中で有効な用具の活用方法が見出され、それについて他の教員と情報共有をする際には、教具という用語を用いながら、その機能について議論を深めていくことに期待したい。

*1 岩田[1]によれば、教具の主要な機能として以下が挙げられている。
①運動の習得を容易にする（課題の困難度を緩和する）。
②運動の課題性を意識させ、方向づける（運動の目標や目安を明確にする）。
③運動に制限を加える（空間・方向・位置などを条件づける）。
④運動のできばえにフィードバックを与える（結果の判断を与える）。
⑤運動の原理や概念を直感的・視覚的に提示する（知的理解を促し、イメージを与える）。
⑥運動学習に対する心理的不安を取り除き、安全性を確保する。
⑦運動の学習機会を増大させ、効率を高める。

より深く学ぶために

　本章では、教材や教具について、それらの性質や、学習者に対してどのように機能するのかについて考える視点を示し、体育の授業づくりをする上で必要な「考え方」を学ぶことの重要性を説明しました。

　少し難しさを感じた人もいるかもしれませんが、こうした考え方の重要性は、学習から離脱してしまう学習者の存在を想定してみると分かると思います。授業に退屈している学習者、運動が苦手な学習者、運動が嫌いな学習者といった存在です。教材・教具の考え方を習得して、様々な理由で体育の授業がつまらないと感じている学習者さえも惹き付けるような、運動が苦手な学習者でも安心して参加できるような、運動が嫌いな学習者でも主体的に関わりたくなるような、そんな面白い体育授業を実現できることを期待しています。なお、こうした考え方を持つヒントになり得るプログラムとその動画を紹介します。

【Lü Interactive Playground】
https://www.youtube.com/watch?v=V8Fmow69EtM

　Lüはカナダの企業が開発したプログラムです。動画では子どもたちがいきいきと体を動かす中で、ボールを投げるスキルやゴール型で求められるボールを持たない動きを、思考力・判断力を発揮しながら習得する様子が見られます。もちろん、このプログラムには専用の機器とソフトウェアが必要ですが、重要なのは、なぜ子どもたちはこのプログラムに惹かれ、積極的に活動できているのか、について「内容的視点」と「方法的視点」を踏まえて考え、現実的な範囲で自身の授業に形を変えて取り入れようしてみることです。学習者にとっての運動の楽しさとは何か、そのために何が必要なのかについて、こうした例から学んでみるのも良いのではないでしょうか。

確認テスト

❖ 基礎問題①
　体育の授業において教材が果たす役割について説明してみましょう。

❖ 基礎問題②
　教材の良し悪しを判断する「内容的視点」とは何か、具体例を挙げて説明してみましょう。

❖ **基礎問題③**

　教材の良し悪しを判断する「方法的視点」とは何か、具体例を挙げて説明してみましょう。

◆ **応用問題①**

　体育館や校庭の利用が制限される状況（例：工事中、自然災害の影響など）で、限られたスペースと用具を使って効果的な運動学習を行うためには、運動領域ごとにどのような教材・教具を用いるか、考えてみましょう。

◆ **応用問題②**

　グラウンドや体育館だけでなく、校舎周辺や地域の公園・自然環境を活用して体育の授業を行うとしたら、どのような教材・教具を考案できるか、移動時間や安全管理といった条件を踏まえながら、アイデアを考えてみましょう。

COLUMN 1 体育原理 「ジダン頭突き事件」を通してフェアプレイについて考える

■フェアプレイの本質を考える

体育は、身体的な成長や競技力の向上だけでなく、人間形成の場としての役割を担っている。その中核には、「フェアプレイ」という普遍的な価値観がある。フェアプレイは、単にルールを守るだけではなく、競技を通じて相手を尊重し、感情を適切にコントロールしながら互いに成長し合う姿勢を意味する。この理念を深く理解することは、体育が持つ教育的意義を一層高めるための鍵である。

しかし、この理念は単純ではない。現実の競技において、緊張感や感情が高ぶる場面では、フェアプレイを貫くことが難しい場合がある。こうした状況でこそ、その本質を考えることが重要になる。

■ジダン頭突き事件に学ぶフェアプレイの多面性

2006年のサッカーW杯決勝戦で起こった「ジダン頭突き事件」は、フェアプレイの複雑性を象徴する事例である。この試合でフランス代表のジダンは、イタリア代表のマテラッツィに挑発され、頭突きを見舞ったことで退場処分を受けた。マテラッツィの発言内容については、ジダンの家族を侮辱するような言葉であったと報じられており、これがジダンの怒りを引き起こしたとされている。

この事件は、一方的にジダンの暴力行為を非難するだけでは済まされない性質を持つ。侮辱や挑発の背後には、人種差別や文化的背景といった深い要因が絡む場合もあり、フェアプレイを考える際にはこうした背景を無視することはできない。競技における行動は、単なる善悪の二分法ではなく、多角的な視点で評価されるべきものである。

■競技の枠を超えたフェアプレイの意義

フェアプレイの理念を教育現場でどのように伝えるかは、これから教員になる学生にとって重要な課題である。ジダン頭突き事件のような具体的な事例を教材として取り上げることで、子どもたちはフェアプレイの本質をより深く考える機会を得られるだろう。事件の背景や関係者の立場を多角的に分析し、相手を尊重することの大切さや、感情が高ぶったときにどのように冷静さを保つかについて考えさせることができる。

また、フェアプレイがスポーツの枠を超えて日常生活にも適用できる価値を持つことを伝えることも大切である。競技を通じて培われた「自分を律する力」や「相手への思いやり」は、学校や家庭、さらには社会での人間関係においても重要な役割を果たす。フェアプレイを理解し、体験的に学ぶことが、子どもたちの成長を支える基盤となる。

フェアプレイの精神は、子どもたちにスポーツの楽しさと人間関係の大切さを伝える鍵であり、指導者の姿勢によって大きく左右される。これから指導に携わる立場として、体育の本質的な価値を踏まえ、フェアプレイの意義を伝えることを心掛けてほしい。

第3章 学習指導

1 学習指導の必要性

　体育科教育学では、主に①カリキュラム論、②教授・学習指導論、③体育教師教育論、④科学論・研究方法論の4つのカテゴリーで研究が進められている。そのなかでも特に②教授・学習指導論は、意図されたカリキュラムが実際に達成されていくために必要な一定の手続きを対象としている。この手続きは「指導方略（teaching strategy）」と呼ばれ、効率的な授業運営のための約束事や場づくりについての方略である「マネジメント方略（managerial strategy）」と、学習者の積極的な学習従事のための課題提示から授業の展開、総括までの流れについての方略である「学習指導方略（instructional strategy）」とに分けることができる。本章では、ここでいう「指導方略」について述べていくこととする。というのも、「マネジメント方略」も「学習指導方略」も、「体育授業において、教員がどのような行動を取るか／どのような指導が望ましいか」という共通の問いのもとにあると考えられるからである。そして、本章では、実際の授業を展開する際に必要な2つの側面－年間指導計画や単元計画と1単位時間の授業－から授業を立案することを念頭に、教員の学習指導について述べていく。

2 計画段階での「学習指導」

　年間指導計画や単元計画など、やや長期的な視点で学習指導を考える際に、モデルに基づく学習指導を活用することは有効である。

1. 学習指導モデルとモデルに基づいた学習指導

　学習指導モデルとは、各モデル特有の学習の目的や、学習活動及び教師行動、課題の構造、想定される学習成果、学習の評価が一体となった、包括的で一貫性のある指導の計画のことである。いずれの学習指導モデルも学習理論に基づいており、教員はそのモデルを参照し、自身の授業を計画することが可能である。体育授業において有効な学習指導モデルとされている8つを表1－3－1に示した。

　それぞれのモデルは、それを基礎づける理論やテーマ、指導と学習の特徴、適用時に求められる事項や修正等が異なる。そのため、育てたい学習者の資

表1−3−1　体育授業において有効な学習指導モデル

Direct Instruction	直接指導
Personalized System for Instruction	個別化指導
Cooperative Learning	協同学習モデル
Sport Education	スポーツ教育モデル
Peer Teaching	仲間学習モデル
Inquiry Teaching	発問指導
Tactical Games	戦術学習モデル
Teaching Personal and Social Responsibility	個人的・社会的責任指導

出典：Metzler, M.(2017) Instructional Models in Physical Education. Third edition. Routledgeをもとに筆者作成

質・能力に応じて学習指導モデルを選択することが大切である。

　しかしながら、学習指導モデルに示された事項全てを網羅して実践することは、容易ではない。スポーツ教育モデルを例に考えてみよう。このモデルの特徴として、シーズン制、チームへの所属、公式の試合、クライマックスのイベント、記録の管理、祭典性が挙げられる。しかし、これらの要素の全てを授業に落とし込むのは非常に難しく、対象となっている授業に合わせた変更や修正が必要となる。そのため、近年では、"真の「学習指導モデルに基づいた実践」（Models-Based Practice；MBP）"はない、という批判に基づいて「モデルをもとにした学習指導」（Models-based Practice；MbP）という考え方が示されるようになった。この立場においては、MBPやMBI（Models-Based Instruction）等を、パッケージ化された1つの学習指導モデルと捉えて採用するのではなく、それぞれの授業の状況や実態に合わせて複数の学習モデルを選択することが求められる。例えば、全体的にはスポーツ教育モデルの流れを取り入れつつ、各授業には協同学習モデルの手続きを取り入れる、というような考え方である。実際の授業では、この考え方のもとで学習指導モデルを活用するほうが取り入れやすいと考えられるため、授業の計画から実行までの一連の手続きがパッケージ化された学習指導モデルを理解し、その利点を認めつつも、「モデルをもとにした学習指導」（MbP）の活用が有効である。

2. 学習指導モデルの選択

　では、どのようなモデルを採用するのが良いのであろうか。

　パッケージ化された1つの「学習指導モデル」を適用するにしても、複数のモデルを組み合わせて「モデルをもとにした実践」を展開するにしても、どのモデルを適用するか、あるいは、参考にするかの選択は不可欠である。

　学習指導モデルの選択のプロセスは、表1−3−2に示した8つの問いに

表1−3−2　Metzler（2017）による体育授業における学習指導モデルの選択のプロセス

1	対象の児童生徒に何を学んで欲しいと考えているか ex）チームでのハンドボール（基本的スキル、戦術、ルール）
2	授業目標の優先順位をどう考えているか ex）1番目：身体活動としての技能 　　2番目：認知面でのルールと戦術 　　3番目：情意面でのプレイヤーとしての自信
3	それらと同じ優先順位を特徴にもつのはどのモデルか ex）直接指導、個人的・社会的責任学習、戦術学習
4	それらのモデルにおいて必要となる事項はなにか
5	自分が置かれている状況は、それらのモデルにどの程度合うか ex）直接指導：非常に合う 　　個人的・社会的責任学習：非常に合う 　　戦術学習：あまり合わない（修正されたゲームを1度に展開するためにはスペースが不十分）
6	選択肢として残ったモデルにおいて、教員と児童生徒に事前に求められる事項はなにか
7	私自身と児童生徒は、その前提条件を満たしているか ex）直接指導：満たしている、個人的・社会的責任学習：満たしている
8	それぞれのモデルを適用する場合、どんな修正を施す必要があるか ex）直接指導：①ハンドボールの個数を増やす 　　　　　　②屋外の広い場所と各場所のゴールを用意する 　　　　　　③技能差が大きい児童生徒に教える必要がある 　　個人的・社会的責任学習：特になし

出典：Metzler, M.（2017）Instructional Models in Physical Education. Third edition. Routledgeをもとに筆者作成

よって考えられる。

3. 協同学習モデル

では、学習指導モデルの1つの例として、ここでは協同学習モデルについて紹介する。

1）協同学習モデルとは

協同学習モデルは、互恵的な関係性の学習を促すことを意図的に組み込む学習指導の方法である。意図的に設定された少人数での学習活動により、協同的な学びを実現しやすいことが特徴として挙げられる。

この協同学習モデルは、4つのアプローチ（概念的アプローチ、カリキュラム・アプローチ、構造的アプローチ、複合的アプローチ）を主な理論的基盤としている。

中でも、概念的アプローチで示されている5つの基本的構成要素を活動に組み込むことが、授業においては有用とされる。5つの要素とは、①肯定的な相互依存関係の設定、②個人の役割責任の明確化、③相互作用の促進、④個

人間や小集団内で必要な社会的スキルの指導、⑤グループ活動の改善手続きの保障である。

しかし、これら全ての構成要素を組み込んで授業を展開することは容易ではない。そこで活用できるのが、「ストラクチャー」と呼ばれる活動手順である。授業内容にこのストラクチャーを上手く組み合わせることで、先の5つの構成要素を容易に授業に取り入れることができる。

2)「ジグソー」を用いた授業例

具体的なストラクチャーの例として、「ジグソー」という方法を取り上げる。ジグソーは、数あるストラクチャーのなかでも、学習者同士の肯定的な相互依存関係を構築しやすいものの1つである。

元々の「ジグソー」は、アメリカの社会心理学者であるアロンソンが、1970年代に子ども同士の人種融和のための学習指導法として考案したものである。

ジグソーの大まかな進め方は、①教員による準備、②ホームグループでの分担、③エキスパート活動、④ホームグループでのジグソー活動の4つに分けることができる。

①教員がグループで達成すべき大きな目標を設定し、それをいくつかの構成要素に分割しておく。また、それらに関する資料等の準備やグルーピングも事前に行っておく。
②学習者たちはホームグループに分かれ、グループで達成すべき目標を確認するとともに、それを構成する要素のいずれを誰が担当するか（この担当者をエキスパートと呼ぶ）を決定する。
③他のグループに所属する同じパートを担当するエキスパートが集まり、自分たちの担当についての理解を深める。つまり、ここで彼らは担当パートの専門家＝エキスパートになるのである。
④ホームグループに戻り、エキスパートとして学習してきたことを他のメンバーに順に伝える活動を行う。この一連の流れによって、メンバー全員が、全ての学習内容を理解し、同時に、グループでの大きな課題の達成もできるということである。

具体的な授業展開を、バスケットボールを例に示してみよう。「効果的なオフェンスをしよう」という課題を掲げ、オフェンスを構成する主な要素に基づいて「パス」、「ドリブル」、「シュート」の3つに課題を分ける。そして学習者は3人グループに分かれて、各グループでそれぞれの課題のエキスパートを決定する。

エキスパート活動において、パスのエキスパートたちは、パスの種類や効果的なパスのポイントを理解するとともに、他のメンバーに教えるための教え方や方法について学習を進める。ドリブルやシュートのエキスパートも同様である。その際、エキスパートの数だけ場を確保し、あらかじめ資料や用具を準備しておけば、同時に展開することが十分に可能である。そして、エキスパートが自分たちの専門性を高めた後、ホームグループに戻り、パス、ドリブル、シュートを順にみんなで理解し、練習する。すべて終了したときには、ホームグループの3人全員が3つのスキルを習得し、「効果的なオフェンスをしよう」という課題を達成することが期待できる。

3　実施段階での「学習指導」

長期的な計画段階での学習指導の方針が決定したら、次に考えなければならないのは1コマの授業における学習指導の選択が必要である。

1. 四大教師行動

体育授業における教師行動は、インストラクション行動、マネジメント行動、モニタリング行動、相互作用行動の4つに分けられる。

インストラクション行動は、学習者に対して指示をしたり、演示や説明をしたりする行動のことである。インストラクション行動をとる際には、適切なタイミング（例：集合するのは最小限の回数にする）・適切な長さ（例：説明する内容を絞って端的に述べる）・簡潔で明確な説明や指示（例：内容や場所を具体的に伝え、特別な用語は控える）を心がけることが重要である。

マネジメント行動は、用具の準備や出席確認、学習者を移動させたり待機させたりする行動である。グラウンド等の広い空間で行われる体育授業は集合などで移動にかかる時間も多く、場づくりにも時間がかかる。したがって、学習以外の時間であるマネジメントに関わる時間をできる限り削減する行動が重要となる。加えて、事前の準備や、授業時のマネジメントについての方略を立てる等の予防的なマネジメント行動も重要である。

モニタリング行動は、学習者の学習活動を観察する行動である。この観察をもとに、必要に応じてアドバイスを送ったり、評価をしたりする。クラス全体が安全かつ適切に学習に取り組んでいるかを確認するとともに、個々の取り組みを注意深く観察できるよう、1か所に留まることなく、全体に足を運び、学習者の近くからその様子をみる積極的な姿勢が必要である。

相互作用行動は、学習者に対して教員から働きかける行動のことである。アドバイスを送ったり、出来栄えを褒めたり、あるいは、注意をしたりというフィードバック行動や、学習内容に関する問いの投げかけ、拍手等による励ましが含まれる。教員による温かな言葉かけが多ければ、授業の雰囲気は温かくなり、勢いも生まれる。また、学習者は、矯正的及び肯定的なフィードバックを役に立つと捉えていることも明らかになっている。授業中は、できるだけ多くの学習者にとって、有効な相互作用を営むことが重要である。

2. 直接的指導・間接的指導

では、これらの四大教師行動は実際の授業の中でどのように発揮されるのであろうか。ここでは、直接的指導と間接的指導という面から確認したい。

直接的指導は、全体への課題提示、基本的なスキルやルールの演示・説明、特別の配慮が必要とされる学習者への積極的な働きかけ等の場面で用いられる。具体的には「グループごとに練習を始めましょう」等の指示や「チェストパスのポイントは…」等の説明が挙げられる。学習者が中心となる学習を展開する場合でも、授業の開始および終了時や、活動が停滞した際に、教員による適切な直接的指導は不可欠である。

一方、間接的指導は、学習者同士のアドバイスを促したり、グループ活動の進め方についてリーダーを通じて伝えたりする等の場面で用いられる。具体的には「Aさんのパスがもっと強く出せるようにアドバイスしてみたら？」等の言葉かけや、「グループのメンバーにノートの提出を促してください」等の指示が挙げられる。学習者の発達段階や状況によっては、直接的指導のほうが容易に授業を展開できる場合もあるが、教員が黒子に徹して、学習者同士がその関係の中で学習を進めることで、深い学びにつながることが期待できる。

現行の学習指導要領で示されている「主体的・対話的で深い学び」とその実現に向けた授業改善の視点を踏まえれば、学習者の能動的（アクティブ）な学びを実現させる教員行動が求められていることは言うまでもない。全ての学習者に対して教員が直接に働きかけることや、用具の準備や場づくりを教員が全て行うことは必ずしも必要ではない。

我々大人が思っている以上に、学習者は学ぶための様々な力を持っている。これからの学習指導に求められるのは、教員が授業全体をコントロールしつつも、時に学習者にイニシアティブを渡しながら、つまり直接的指導と間接的指導を組み合わせながらともに授業をつくっていくというスタンスである。

より深く学ぶために

　本章では、体育授業における学習指導について、これまで明らかにされてきた効果的な方法を紹介し、学習者とともに授業をつくるという教員に求められる姿勢の重要性を示しました。このような学習指導の考え方をより深く考える上で参考になるのが、『個別最適な学びと協働的な学び』(奈須正裕著、東洋館出版社)です。

　本書は、山形県天童市にある天童市立天童中部小学校における授業実践をベースとしながら、個別最適な学びと協働的な学びの一体的な充実について考えるという内容となっています。天童中部小での特徴的な実践である「自学・自習」や「マイプラン学習」、「フリースタイルプロジェクト」といった特徴的な実践について紹介されているとともに、それらの背景にある子ども観や学校観が、その他の学校における事例も交えながら述べられています。

　重要なのは、その時々に求められる学習指導の在り方や様々な方法を理解し実践することだけでなく、学習者にとっての「学び」とは何か・どうあるべきか、それを支える教員の役割とは何か、どうあるべきかを考えることです。「すべての子どもは生まれながらにして有能な学び手である」[1]ことを忘れないようにしてほしいと思います。

確認テスト

❖ 基礎問題①
　「指導方略 (teaching strategy)」には大きく二つの分類があります。これらの名称と概要を説明してみましょう。

❖ 基礎問題②
　年間指導計画や単元計画を考える際に「学習指導モデル」を活用する意義を説明してみましょう。

❖ 基礎問題③
　1コマの授業を展開するうえで必要とされる「四大教師行動」について、その名称と概要を説明してみましょう。

◆ 応用問題①

　あなたが体育の授業を担当するクラスでは、生徒同士のコミュニケーション不足が目立ち、いじめやトラブルはないものの人間関係が希薄です。あなたなら、この状況を改善するために、体育における学習指導の方法をどのように工夫するか、考えてみましょう。

◆ 応用問題②

　あなたが体育の授業を担当するクラスに、感覚過敏で集団活動や大きな音などに辛さを感じる児童（生徒）がいます。クラスメイトと一緒に授業を受けたいという意欲はあります。こうした児童（生徒）も含めて、クラス全員が安心して学べる環境を整えるためには、指導方略でどのような配慮が必要か考えてみましょう。その際、教職員や保護者との協力体制も考慮しつつ、具体的なアイデアを考えてみましょう。

第4章 学習評価

1 学習評価の必要性

　学習評価は、教育活動において、学習者の学びを把握するための重要なプロセスである。評価は単に学習者の成績を測定するためのものではなく、学習者自身の学びを振り返り、次のステップに進むための指針となるものである。また、教員が自らの指導を改善するために必要な情報を収集し、授業の質を向上させる役割も担っている。

　2017（平成29）年の小・中学校及び2018（平成30）年の高等学校学習指導要領の改訂により、「知識及び技能」、「思考力、判断力、表現力等」、「学びに向かう力・人間性等」という3つの柱に基づく資質・能力の育成が強調されている。学習評価は、これらの資質・能力がどの程度育成されているかを的確に捉え、学習者がどの目標に到達しているかを判断するために不可欠である。

2 観点別学習状況の評価

1. 学習評価の構成

　学習評価は、複数の観点から学習者の学習状況を捉える「観点別学習状況の評価」と、その結果を総括する「評定」の2つで構成される。観点別評価における評価の観点は、「知識・技能」、「思考・判断・表現」、「主体的に学習に取り組む態度」である。「主体的に学習に取り組む態度」は、「観点別学習状況の評価」を通じて見取ることができる「主体的に学習に取り組む態度」と、「観点別学習状況の評価」にはなじまない「感性、思いやり等」に二分される。これらの観点のうち、「知識・技能」、「思考・判断・表現」、「主体的に学習に取り組む態度」は評定の対象となる。一方、「感性、思いやり等」は個人内評価として扱われ、評定には含まれないが、学習者の成長や学びの姿勢を把握する重要な要素として評価する。

2. 各観点の内容

　「知識・技能」では、各教科の目標に照らして学習者が学んだ知識や技能をどの程度活用できるかを評価する。単に知識を蓄積するだけでなく、既存の知識や技能と関連づけ、生活や他の学習場面でどの程度活用できるかを評価

する。学習者が新たに得た概念を深く理解し、応用する力を育むことができているかを評価することが求められる。

「思考・判断・表現」では、学習者が知識や技能を基にして課題を解決する力を評価する。具体的には、得た知識を基に論理的に考え、適切な判断を下し、その結果を他者に伝える能力が身についたかを評価する。

「主体的に学習に取り組む態度」では、学習者が自身の学習の進行状況を把握しながら学びを進める意欲的な姿勢を評価する。具体的には、学習者が知識や技能を習得するために、自己調整を行いながら主体的に学んでいるかどうかを評価するものである。

「観点別学習状況の評価」の実施においては、各学校がその教科や単元に応じた評価規準を設定し、これに基づいて評価が行われる。評価規準の設定は、学習指導要領の目標に基づき、学習者がどの程度目標に到達しているかを判断するための重要な指針となる。そのため、学校は適切な規準を設けることが求められており、各教科や学年での協議を通じて規準の共有が図られることが重要である。

3 評価の課題と改善

学習評価が学期末や学年末にまとめて行われ、評定を示すだけで学習者の具体的な学習改善に十分につながらないケースがみられる。そのため、評価の改善にあたっては、評価のための評価に終わらせず、指導と評価の一体化を図る必要がある。

その際、重要な点として、学習の成果だけでなく学習の過程を重視することがあげられる。学習者が自らの目標や課題を持ち、その達成に向けてどのように学んでいるかを評価することで、学習者が主体的に学び続ける態度を育むことが可能になる。

また、学習評価の方針や方法は教員によって異なることが指摘されているが、学校全体で評価規準を共有し、統一した方針に基づいた評価が行われる必要がある。教員間で評価方法や規準を協議し、授業改善や学校運営全体の改善につなげるべきである。

このように、評価は指導と密接に結びつけられ、評価結果を通じて教員の指導の質を向上させることができる。また、学習者自身が学びの過程を振り返り、目標に向けた自己改善を行うためのフィードバックを提供する仕組みが求められている。

4 カリキュラム・マネジメントと学習評価

　カリキュラム・マネジメントとは、各学校が児童・生徒や地域の実態を的確に把握し、教育の目的・目標の実現に必要な教育内容を教科等横断的な視点で編成するとともに、教育課程の実施状況を評価・改善し、必要な人的・物的体制を確保・充実させるなどを通じて、教育課程に基づき組織的かつ計画的に各学校の教育活動の質を高めていくことである。このようなカリキュラム・マネジメントにおいて、学習評価は重要な役割を担っている。各学校は、日々の授業において学習者の学習状況を評価し、その結果を学習者の学びや教員の指導改善に反映させる。また、学校全体として教育課程の改善や、組織運営を含めた校務分掌の改善にも生かしている。このように、学習評価は、学校全体で組織的かつ計画的に教育活動の質の向上を図るために用いられている。

　さらに、学習指導と学習評価は学校教育の根幹であり、これをカリキュラム・マネジメントの中で活用することにより、学校全体の教育活動の効果を高めることができる。指導と評価が一体化して進められることで、教員は授業の進行や学習者の状況を的確に把握し、改善を重ねることができる。

　このような有機的な流れをPDCAサイクルと言い、学校ではこのような流れで指導計画と学習評価の連携が図られている。PDCAの具体的な内容は、以下の通りである。

　P（Plan）：指導計画等の作成
　D（Do）：指導計画を踏まえた教育の実施
　C（Check）：学習者の学習状況や指導計画等の評価
　A（Action）：授業や指導計画等の改善

5 学習評価の進め方

　実際の授業で評価規準を作成する際には、(1)「年間の指導と評価の計画」を基にした評価規準の設定、(2)学習者の実態に応じた評価規準の設定、(3)評価する時期の工夫、(4)具体的な行動をもとにした評価規準の設定、(5)フィードバックを意識した評価規準の設定が重要となる。以下では、その具体的な作成のポイントを解説する。

1. 勤務する学校の「年間の指導と評価の計画」を基にした評価規準の設定

各学校では、それぞれの実態に合わせた「年間の指導と評価の計画」が定められている。単元や授業の評価規準を作成する際には、この計画を踏まえつつ、学級の実態や学習者の理解度及び能力を的確に反映した具体的な評価規準とすることが大切である。計画と合致した規準により評価の一貫性が保たれ、指導の妥当性も高まる。

2. 学習者の実態に応じた評価規準の設定

学習者一人ひとりの特性や学級全体の状況に応じて評価規準を設定することが求められる。同時に、「年間の指導と評価の計画」に基づく指導目標や指導内容も、学級や学習者の状況に合わせて柔軟に調整する必要がある。これにより、一人ひとりの実態を正確に把握し、指導内容を適切に評価できるようになる。

3. 評価する時期の工夫

評価は、「知識・技能」、「思考・判断・表現」、「主体的に学習に取り組む態度」の3観点に基づくが、1回の授業ですべての観点を同時に評価する必要はない。単元や題材の進行状況に合わせて、適切なタイミングで各観点を評価することが重要である。評価する時期を工夫することで、教員の負担軽減と、より正確な評価の実施が期待できる。

4. 具体的な行動をもとにした評価規準の設定

評価規準は、具体的な行動をもとに設定することが重要となる。「〜できる」、「〜しようとしている」といった行動を規準にすることで、教師は学習者の達成度を客観的に捉えやすくなる。また、技能や学習態度などを明確に示すことで、評価の透明性と公正性が高まる。

5. フィードバックを意識した評価規準の設定

評価は単に点数を付けるだけでなく、学習者の成長を促す手段として機能させる必要がある。そのため、学習者への具体的なフィードバックを充実させるとともに、保護者との情報共有にも活用できるように配慮することが大切である。評

価規準を作成する段階から、フィードバックに活用できる内容を取り入れ、学習者の理解や意欲を高める工夫を行うことが求められる。

　このように、学習指導要領の内容を具体的な評価規準に落とし込むことで、学習者が何をどの程度習得しているかを明確に把握できるようになる。これにより、学習者一人ひとりの成長を個別に評価し、指導の改善や適切なフィードバックを行うことが可能となる。

6 今後の展望

　これまで述べてきたように、学習評価は教育活動の質の向上を支える中心的な役割を果たしており、カリキュラム・マネジメントの一環として組織的かつ計画的に実施される必要がある。しかし、現代の教育現場は急速に変化しており、これに対応するために評価手法やカリキュラムそのものの見直しも必要となっている。特に、学習者の多様な学びや個性を尊重した評価の導入がますます重要視されており、教員の評価スキルを向上させることが急務である。また、ICTを活用した評価の効率化や、学習者自身が評価に参加できる自己評価の導入が効果的な手段として期待される。

　さらに、社会の変化に伴い、学習内容や評価規準も変わっていくことが予想される。そのため、学校は常に時代に応じた評価手法を導入し、教育現場において適切に実施されるよう努めることが求められている。

より深く学ぶために

　本章の内容をより深く理解するためには、自分の経験に基づくワークを実践すると効果的です。まず、これまでに受けた大学授業の中で、自己評価と教員の評価が一致した科目と一致しなかった科目をそれぞれ1つ選んでみましょう。その後、それぞれの授業のシラバスを確認し、授業目標と評価規準がどのように設定されていたかを振り返ってみてください。そして、当時の自分の授業への取り組みを思い出し、自分が教員だった場合に、どのように評価するかを考えてみましょう。シラバスに示された評価規準を基に、教員の視点から改めて自分の評価を見直します。この作業を通じて、授業目標や評価基準が、実際の評定やフィードバックにどのように結びついていたかをより具体的に理解できるでしょう。

　このワークを通じて、評価が単なる評定を行うための手段ではなく、学習目標に基づいたフィードバックを提供し、次の学びを促進する重要な役割を果たすこと

を実感できます。また、評価規準を正しく運用することの難しさや、それが学習者にとってどれほど重要かについても、より深く体験的に学ぶことが期待できます。

確認テスト

❖ 基礎問題①
学習評価が教育活動においてどのような役割を果たしているか、本文の内容に基づいて説明してみましょう。

❖ 基礎問題②
観点別学習状況の評価で重視される「知識・技能」「思考・判断・表現」「主体的に学習に取り組む態度」とはそれぞれどのような力か、簡潔に説明してみましょう。

❖ 基礎問題③
「感性、思いやり等」が評定に含まれず、個人内評価として扱われるのはなぜでしょうか。その理由を説明してみましょう。

◆ 応用問題①
あなたがこれまで受けてきた授業の中で、納得がいかなかった評価をされたときのことを振り返り、その要因や改善策を考えてみましょう。

◆ 応用問題②
あなたは「評価をされること自体に抵抗感をもつ児童（生徒）」が多いクラスを担当する際に、どのような手続きで評価をすれば、評価の結果が児童（生徒）の成長を促すことにつながるか、考えてみましょう。

COLUMN 体育史 2　「ドーハの悲劇」を観る

■「歴史的出来事」の追体験から体育・スポーツの歴史を考える

　1993（平成5）年10月28日、カタールの首都ドーハにあるアル・アリ競技場で、サッカーW杯（1994・アメリカ）のアジア地区最終予選第5節、日本対イランが行われた。最終戦であるこの試合の結果次第でサッカーW杯初出場となる日本は、前半5分に先制するも、後半ロスタイムに得点を許し引き分けに終わった。同時刻に開催していた他会場の結果、日本は総合成績で得失点差による3位となり、W杯出場を逃した。いわゆる「ドーハの悲劇」である。日本サッカーにおいて、いまも語り継がれる歴史的出来事だ。

　私は授業で、この「ドーハの悲劇」といわれる試合の映像をフルで見せることがある。正直、「ドーハの悲劇」のことを説明しようとすれば上記のように200字程度でその概要は説明できる。口頭でも、多少話が脱線したとしても10分もあればボリューム満点に説明ができるだろう。結果を知っている状態で90分＋をフルで見るということに疑問を覚えるかもしれない。受講生には、ハイライトで5分ぐらいにまとめたものをみれば良いのではとも思われているかもしれない。だが私は1回の授業を丸々使って90分＋のすべてを見せることにこだわりを持っている。歴史的出来事だからこそ、映像をフルでみることで十二分に体育・スポーツの歴史を学んだことにつながると思っている。

■体育・スポーツの歴史を教える

　あなたが教員になったとき、子どもたちに覚えてほしいことは山ほどあるだろう。だが体育やスポーツといえど、出来事や用語、年号を覚えさせるのに熱心になっては暗記科目も同然である。歴史とは出来事を暗記することではない。出来事がもたらした変化や影響を時間軸に沿って捉えるものである。ある出来事を境にして、何が始まり、何が変化したのか。また一方で何が変わらなかったのか。こうしたことを考えることが歴史を学ぶことである。そのためには起点となる出来事について、要点を知るだけでは不十分で、事細かにその仔細について把握することが求められる。

　話を「ドーハの悲劇」に戻せば、授業の要点は「ドーハの悲劇」を境にして日本のサッカー界の何が変わったのか、また何が変わらなかったのかを考えよう―そのためにも「ドーハの悲劇」についてまず知ろう―ということになる。知るためには90分＋観ることが大切なのである。ただし「ドーハの悲劇」を90分＋観ることそのものが目的ではないことに注意してほしい。試合映像を観るのはあくまで手段であって目的ではない。

■映像という手段

　試合映像に限らずスポーツに関わる様々な過去の映像は、スポーツの熱狂や興奮を想起させ伝えるだけでなく、スポーツがある社会とはいかなる秩序や構造のもとに成り立ち、歩んできたのかを教えてくれる。映像は、授業の題材をよりよく理解する手段として、体育史の教材になくてはならないものである。あなたが教員になったとき、子どもたちに何を観せるのか。あなたの体育・スポーツ経験と関心の幅が試される。

第2部 実践編

運動を教えるうえで知っておきたいこと

第1章 体つくり運動

❶ 体つくり運動の特性

1. 体つくり運動とは

　体つくり運動の特性は、全身の調整力を養い、運動を通じて自己の体を効果的にコントロールする力を高める点にある。柔軟性やバランス、持久力といった基本的な身体能力を身につけ、仲間と協力して運動を安全に行う姿勢を学ばせることが重要である。さらに、自己の体力や課題に応じた運動計画を立て、実行する中で、効率的な体の使い方や健康管理の意識を高めることが重要である。これにより、個々の成長と協働を促し、生涯にわたって健康と体力を維持・向上させる基盤の形成をめざす領域である。

2. 学習内容の整理

1）知識及び運動

　小学校では、「体ほぐしの運動」で心と体の関係を理解し、「体の動きを高める運動」で基本動作を習得する。中学校では、これに加え「実生活に生かす運動の計画」を通じて、運動の意義や体力向上の方法を学ぶ。高等学校では、自己の体力や生活状況に応じた継続的な運動計画を立て、実生活において健康維持や体力向上に役立つ具体的なスキルを身につけることが求められる。

2）思考力・判断力・表現力等

　小学校では、体を動かす遊び方や自己の課題を工夫し、考えたことを友達に伝える力を育てる。中学校では、自己や仲間の課題を発見し、合理的な解決方法を考え実行しながら、考えたことを他者に伝える力を強化する。高等学校では、自己や仲間の課題に対し計画的な解決を図り、その過程で培った思考や判断を他者に表現する力を高め、生涯にわたる運動の継続をめざす。

3）学びに向かう力・人間性

　小学校では、きまりを守り誰とでも仲よく運動に取り組み、安全に気を配る力を養う。中学校では、仲間を助け、互いに尊重し合いながら健康と安全に配慮して運動する姿勢を育てる。高等学校では、主体的に運動に取り組み、互いに協力して高め合い、合意形成を図りつつ健康と安全を確保する力が求められる。

2 体ほぐしの運動

1. 体ほぐしの運動とは

　体ほぐしの運動は、他の領域と異なり、特定のスポーツ種目を前提としていないという特性がある。そのため、学級担任制の小学校の教員はもちろん、より専門性の高い中学校、高等学校の体育教員でも指導力、特に運動のアイデアやバリエーションが授業の成果に大きく影響する。実際に、体つくり運動自体が独立した運動領域であるにも関わらず、授業の始めの準備体操や授業終了前のストレッチを体ほぐしの運動とみなしているような現状がある。

2. 授業づくりのポイント

1）動機づけ

　体育の授業において技能の習得や勝敗を強く意識しすぎると、運動が苦手・嫌いな学習者の運動に対する意欲は低減することにつながる。そのため、特定の種目を前提としていない体ほぐしの運動では、技能や勝敗にこだわらずに学習者が協力して達成する運動から始めることが大切である。

　また、単に運動を「する」だけでなく「みる」ことを意識させやすい領域でもある。仲間の運動を見ている中で運動の工夫の仕方を考え、仲間の心と体がどのような状態であるのか運動の外から客観的に観察したり、仲間の動きについて課題を見つけたりすることで十分に体ほぐしの運動の授業に参加させることができる。また、それらを仲間に伝える活動を通して思考力・判断力・表現力が培われていく。このようにどのような学習者も手軽にできるような運動や授業に参加する経験を積ませることで、技能差に関わらず誰もが簡単に運動に親しむ機会になるような授業づくりをめざさなければならない。

2）学び方

　体ほぐしの運動では、「気づき」と「仲間との関わり」の２つの活動を保障することが重要である。例えば、体ほぐしの運動としてよく行われるストレッチも、ペアで行うことで「仲間との関わり」が生まれていく。しかし、単にペアでストレッチをするだけでは「気づき」は期待できない。そのため、個人とペアというストレッチのやり方の違いで心身への効果が異なることを実感させたり、やり方の違いが心身の状態にどのような違いを生むのかについて考えさせたりする、といった工夫が必要である。

その際、グループでの言語活動を取り入れることも有効である。例えば、ストレッチや運動を実施した後に、心と体がどのように変化していったのかをグループで話し合う機会を与えることが考えられる。このような「仲間との関わり」が、新たな「気づき」を生み、結果的に心と体をほぐす運動となっていくことが期待できる。また、運動の前後における自己や仲間の気持ちや体の状態の変化について理解を深めるために、タブレット端末を利用することも効果的である。自分のストレス状態を得点化し、記録することで運動の影響を考えたり、ストレス状態の変化を仲間と比較したりすることができ、運動がストレスに与える影響の個人差に「気づき」を生むことが期待できる。

　つまり、体ほぐしの運動では、お互いに協力してゴールをめざす協働的な活動に基づく「仲間との関わり合い」と、そのような身体活動が心に及ぼす影響を個人もしくはグループで考えることによる「気づき」を保障する必要がある。

3）振り返り方（まとめ）

　体ほぐしの運動での振り返りは、運動を行ったことで「楽しかった」という気持ちになったことを振り返るだけではなく、運動の前後や途中、仲間との関わりがあったことで心と体が経時的・段階的にどのように変化したかを感じ取ることができるような振り返りが必要である。その際、教員の発問が「どうだったか？」というような漠然としたものでは学習者はどのように答えて良いのか分からず、効果的な振り返りにならない。そこで例えば、学習カードやタブレット端末でのデータを仲間と共有することで、お互いがどのような状態であったか認識しやすくなる。また、ストレスについても同様に行うことで、どのような運動がストレス解消につながり、頭や心、体が「スッキリ」するかをより感じることができる。このような振り返りによって体ほぐしの運動が充実し「心と体を一体としてとらえ」という体育科・保健体育科の目標に結びつけることができる。小学校から高等学校までの12年間の学びを通して最終的には仲間と主体的に関わって運動することができるようにするためにも小学校の頃から仲間とお互いに心と体の状態を認識できるような振り返り方が求められる。

❸ 体の動きを高める運動

1. 体の動きを高める運動とは

　体の動きを高める運動は、体力トレーニングのように理解されがちだが、多種多様な運動を通して、遊びの中でごく自然に培われるような動きや運動感覚

を味わうことが求められている。実際に以前は「体力を高める運動」とされていたため、学校現場において新体力テストの結果から測定項目の向上をめざすのみのトレーニングの授業になってしまうことがあった。

2. 授業づくりのポイント

1）動機づけ

　体の動きを高める運動では、各領域の基礎となる体の柔らかさ、巧みさ、力強さ、動きを持続する力を組み合わせた運動を行うことが求められる。ただし、これらの能力を単に高めようとするあまり、個々の学習者がトレーニングのように黙々と運動することや、体育教員の高圧的な指導で強制的に身体への負荷をかけ続けることは望ましくない。そのため、運動に参加する人数や複雑さの条件を変えながら、対象者が意欲的に取り組めるための工夫が必要である。

　体の動きを高める運動の最も基本的なものとして、縄跳びのような個人で行う運動がある。このような運動は、個々の学習課題が見つけやすく、運動が苦手な学習者も取り組みやすい一方で、うまくできない状態が続くと運動への意欲が低下するリスクが高い。そのため、教員が個別に指導をしたり、運動のレベルに合わせたグループやペアをつくって、個人の課題を他者と協力して解決したりするような工夫が求められる。また、手押し車のような複数が参加して行う運動は、課題解決のために他者との協力が必要になるため、必然的に他者との関わりが増えて、意欲的に運動に参加することが期待できる。しかし、運動の苦手意識や体格差が大きい場合、失敗を恐れたり、周囲の目を気にしたりすることで、運動に対して消極的な態度をとるようになるリスクがある。そのため、教員は、グループで課題解決することを意識づける声かけや、それぞれの適性に応じた役割を選択することの重要性、そして何よりも難しい課題をグループで解決したときの達成感の大きさ、複数で協力して運動を行うことの楽しさを伝えることが重要である。

2）学び方

　体の動きを高める運動では、運動の行い方を理解するために、非日常的な動作や多種多様な運動を取り入れて、学習者の運動への関心・意欲に関わらず、様々な動きに挑戦する機会を設けることが必要である。そして、単に個人やグループでこのような運動を行うだけでなく、その過程としてどのように運動に取り組むとよいのか、という点を考えさせる授業を展開することが重要である。その際、これまでの授業において学習者が課題となる動きができない場面で教

員がどのような言語的・物理的な支援をしたのか、自分の経験を通して運動を行う際のよい支援は何か、を考えさせることが有効である。具体的には、倒立であれば教員の支援として目線の位置を具体的に指示したり、動きとして見えにくい腹筋や背筋を使った姿勢の維持について腹筋や背中を触ったりすることで意識する身体の部分を明確にすることなどがあげられる。このような支援により少しでもコツがつかめたり、できるようになったりする経験を思い起こさせ、これまでの様々な運動を振り返ることが有効である。

　また、ペアやグループで体の動かし方についてアドバイスし合ったり、見本を見せ合ったりするような他者との関わり合う場を設けることも大切である。例えば、「フープを使った動きを考えよう」という課題を提示したうえで、グループでの活動を通してその運動を考え、クラスの中で発表し、全員で取り組む活動を行う。そして、各グループで順番に学習者が先生役となって、どのような運動をするか、どこが難しいか等について見本を見せながら説明する活動を行う。うまくできない場合には一緒に運動したり、支援したりすることでより深く関わり合うことができるようになる。授業の中でお互いに運動を提案し、それを実行すると新しいアイデアのもと、動きが考え出され良い雰囲気で授業が進むことも多い。その際、学び合う活動を通してお互いを理解するだけでなく、運動の計画を立てる機会を設けることが必要である。

　体の動きを高める運動系は様々な体の動かし方や場、用具を利用するなど運動の行い方や環境が幅広く、他の領域の基礎的な動きの獲得のみではなく、他の領域にもつながる自己や仲間の心身の健康・安全を主体的に守っていくという運動において欠かすことのできない資質の育成につなげることができる。教員は、運動実施の際に授業で行う運動や用いる用具において安全への配慮と学習者に対する説明を怠ることがないようにしなければならない。中学2年までにこれらの運動を充分に行っていることで実生活に生かす運動の計画も体力の向上を主眼に置くのではなく、運動が楽しいという愛好的態度をもって運動の計画を主体的に進めることができる。

3）振り返り方（まとめ）

　運動の振り返りでは、うまくできていたり、工夫できていたりする学習者を賞賛し、その動きを皆で一緒に同じように取り組んだり、学習者同士で教え合ったりする活動を行う。運動課題が難しく、多くの学習者ができない動きであれば、皆で動きを考えながら実践することも一つである。運動の認知的な点では、学習カードで、授業内でどのような動きでどのようにうまく体を動かせたか、また体力が高まったか確認することは通常の活動の範囲であるが、振り返りで

はそのような確認や感想のみで終わらせるのではなく、授業で行った運動と同じようなねらいの運動が他にもあるかどうか考えられるような振り返りも学習者の運動の理解の幅を広げることにつながる。また、ICT機器を活用して自己や仲間の動き方や用具の使い方を動画で撮影し確認することで、どのようなポイントを意識して運動を行うと動きが高まるのかを見つけやすくなり、仲間と話し合う活動中に見つけたことをクラス全体で共有できるようにする。ほかにも、グループでの活動を振り返り、有効だと感じた支援方法や、教え方が上手な学習者をあげる活動を行うことも有効である。その際、単に運動の課題解決に効果的だった方法に限らず、失敗したときに前向きになれた声かけや安全に配慮するための支援等の、活動全体において有効な運動の行い方を振り返らせることを忘れてはいけない。

このように教員は、運動がうまくできるだけではなく、工夫などが上手な学習者も賞賛し、運動に対する理解やアプローチの仕方など新たな視点を学習者が主体的に見つけられるようにすることで運動の楽しさや気づきの幅を広げることができるようになり、学習全体を振り返ることができるようになる。

❹ 実生活に生かす運動の計画

1. 実生活に生かす運動の計画とは

実生活に生かす運動の計画では、健康の保持増進や体力の向上のための運動の実施計画を立てて、実際に取り組むことが求められている。そのため、現在の運動・スポーツの実施状況を分析し、そこで得られた成果や課題を元に実施計画を立てる必要がある。その際、「ねらい」「日時・場所」「運動の選択」「運動の強度・時間・回数」という4つの観点に基づいて、より現実的な計画を考えることが重要である。

2. 授業づくりのポイント

1）動機づけ

実生活に生かす運動の計画を考えるうえで、まずは体つくり運動のこれまでの学習を振り返ることが重要である。小学校低学年からこれまでの体つくり運動の授業の経験を振り返る中で、体つくり運動にはどのような意図があったのか、自分が授業に対してどのような意識で臨んできたのか、といった点を考えてみる必要がある。また、これまでの授業における教員の言語的・物理的な支

援についても考えさせることが大切である。教員が授業の中で見せた運動の目標の提示、コツの伝達、苦手な学習者を励ます姿勢などを思い返して、運動を行ううえでの環境的な要因について考えることが重要である。

2）学び方

　実生活に生かす運動の計画を作成する際には、2つの情報整理が必要である。1つは、具体的な運動の種類とそれぞれの効果に関する情報である。体の柔らかさ、巧みな動き、力強い動き、動きを持続する力といった、これまでの体つくり運動で身につけた体の動かし方と、それぞれの力を高めるための運動内容を組み合わせながら整理する必要がある。もう1つは、現在の身体活動や健康課題に関する情報である。運動の計画を立てるうえで、これらの情報が、自らに必要な運動の取捨選択及び実現可能性を高めるために重要である。その際、忘れられがちなのが、現在の日常生活の中で（無意識に）育まれている力の可能性についての理解である。起床してから学校に登校し、授業を受けて、課外活動を行い、帰宅して食事をとったり入浴したりして寝るまでの1日の生活の中で、どのような運動をしているのか、その運動によってどのような力が身についているのか、について考えてみる必要がある。運動部等で日常的に運動の経験がある学習者だけでなく、普段あまり運動を意識的に実施していない学習者も、日常生活に潜む意外な運動の機会を発見できる。自宅がマンションの上層階で階段を使っている学習者や毎日30分以上立った状態で満員電車に揺られながら登下校をしている学習者であれば、毎日登下校の中で筋力や持久力の向上につながる運動をしていることに気づくことができるだろう。このような日常の中にある潜在的な運動の機会を再認識することで、より現実的な運動の計画を立てることが可能となる。

　また、実生活に生かす運動の計画においても、ペアやグループで運動計画を評価したり、アドバイスをしたりする場を設けることも大切である。運動計画を立てるうえで、自分では気づかない視点を得ることで新しいアイデアがうまれ、運動計画がより具体的かつ実行可能なものになることが期待できる。

　さらに、他の運動領域における準備体操をグループごとで計画して実施する活動も有効である。その際、各運動領域における動きをイメージして、適切な準備運動を選択し、実行することが求められる。例えば、球技でも、ゴール型のバスケットボールであれば「走って止まる」などの細かい動きに焦点を当てた準備運動、ネット型のバレーボールであればアタックを打つ際のジャンプの動きに焦点を当てた準備運動等が考えられる。特に中学生や高校生にとって体育の授業や部活動も実生活の一部であるため、体育の授業や部活動に生かせる運

動を考えることも実生活に生かす運動の計画の一つとなる。

3）振り返り方（まとめ）

振り返りでは、運動計画の妥当性を様々な観点から振り返る必要がある。運動計画の実現・継続可能性（日常生活の中で無理なく実行可能か）、目的合理性（健康課題と具体的な運動が関連しているか）、汎用性（卒業等の環境の変化が起きても実施可能か）といった観点が考えられる。さらに、ICT機器を活用してパワーポイント等にまとめて発表する形式を採用して、良い点・改善点等について意見交換する活動も有効である。

体つくり運動を楽しむために

体つくり運動は、他の運動領域とは異なり、内容として技能がないという特性があります。そのため、特定の動き方を習得するのではなく、運動を通して心身への気づきや他者との交流といった効果を感じることや、個々の運動領域の基礎となるような体の動かし方を高めることが重要です。しかし、体つくり運動は単なる準備運動にとって代わられてしまうことがあるため、学習者の中には、具体的にどのような経験をしたのかという点を十分に認識していないことも推察できます。そこで、簡単にその場でできるコーディネーショントレーニング等の、身体を動かす楽しさや身体以外への効果を実感できる体験を実施してみると、その意義がより理解できるでしょう。

確認テスト

❖ 基礎問題①

体つくり運動では、内容の表記が「知識及び技能」ではなく「知識及び運動」という表記になっているのはなぜでしょうか？　説明してみましょう。

❖ 基礎問題②

「体ほぐしの運動」としてストレッチをする際に、どのような工夫が必要でしょうか？　理由も合わせて、具体的に説明してみましょう。

❖ **基礎問題③**

「体の動きを高める運動」の動きを持続する能力を高める運動として持久走を行う際に、どのような工夫が必要でしょうか？ 理由も合わせて、具体的に説明してみましょう。

❖ **基礎問題④**

「実生活に生かす運動の計画」において、運動計画を立てる際の４つの観点を元に、現在の運動の実施状況を評価し、課題を挙げ説明してみましょう。

◆ **応用問題①**

同僚の先生から「体つくり運動」は各運動領域の準備運動でいいよ、と言われてしまいました。このような状況であなたなら、どのように対応するか考えてみましょう。その際、説得を試みる場合と試みない場合に分けて考えてみましょう。

◆ **応用問題②**

「体の動きを高める運動」を校庭で行う予定が、急に雨が降ってきてしまい、体育館も他のクラスが使っていました。あなたなら、どのように対処するか、考えてみましょう。

第2章 器械運動

1 器械運動の特性

1. 器械運動とは

　器械運動の特性は、器械や器具を使用して行う非日常的な動作に挑戦し、技の達成感や喜びを味わう点にある。そのため、基礎的な動作から段階的に複雑な技へと発展的に指導して、多様な運動感覚を身につけさせることが求められる。しかし、学年が上がり体の成長が進むにつれて、運動感覚が変化し、苦手意識が高まる。そのため器械・器具といったモノとの関係の中で、異なる条件下でのバランス感覚や身体の制御能力を向上させるために、新しい技への挑戦だけでなく、できる技を個々の体の成長に合わせて洗練させることも重要な活動である。

2. 学習内容の整理

1) 知識及び技能

　小学校では、器械運動に親しみながら基本的な技を習得し、その行い方を理解することが重視される。中学校では、器械運動の特性や技の名称を学びつつ、技の完成度を高めることが求められる。高等学校では、技の習得に加えて自己や仲間の課題を解決する方法や発表の仕方を理解し、自己に適した技で演技する力を養うことがめざされる。

2) 思考力・判断力・表現力等

　小学校では、器械・器具を用いた遊び方や技の組み合わせ方を工夫し、考えたことを友達に伝える力を育てる。中学校では、技の課題を発見し、合理的な解決方法を工夫しながら、考えたことを他者に伝える力を高める。高等学校では、自己や仲間の課題に対して計画的に解決策を考え、それを表現し、運動を生涯にわたって続けるための資質・能力を養うことがめざされる。

3) 学びに向かう力・人間性

　小学校では、場や器械・器具の安全に気を配り、順番やきまりを守りながら仲間と協力して運動に取り組む力を養う。中学校では、演技に対して仲間を認め合い、互いに援助しながら健康と安全に配慮する姿勢を育てる。高等学校で

は、演技の成果を讃え合いながら助け合い、一人ひとりの課題や挑戦を尊重し、主体的に運動に取り組む姿勢を身につけることが求められる。

2 マット運動

1. マット運動とは

マット運動では、回転系と巧技系で構成される「技」について、小学校段階ではその技を身につけることを中心に、中学校段階では技をより良くできることや自己に適した技で演技すること、さらに高等学校では自己や仲間の課題解決を含む多様な楽しさや喜びを味わうことのできる学習が求められている。少なくとも小学校低学年から中学1年・2年までは取り扱う内容であるため、各系・群・グループの技の系統を踏まえた段階的な学習を積み上げることが重要である。これは各学年における「基本の技」が、その学年以前の段階で例示されている技となっている点からも、既習の技の習熟を図ることが次の技の習得につながる段階であることを示しているといえる（図2-2-1）。各技グループは、運動の方向や運動の経過の視点から分類されたものであり、例えば前転グループには「順次接触」と「回転加速」という共通した技術ポイントがある。しかし、例えば「前転⇒後転⇒（易しい場での）開脚前転」といったようにグループの異なる技を行ったり来たりする単元も散見される。各グループの最初に行う技で学ぶ技術ポイントを同じグループの次の技に生かしながら学習を進めることが大切である。

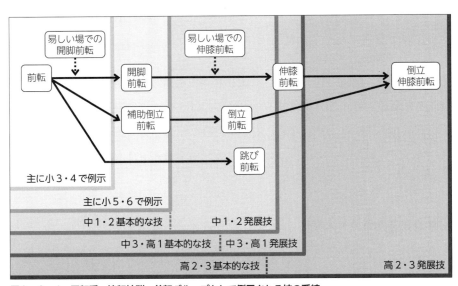

図2-2-1　回転系・接転技群・前転グループとして例示される技の系統
出典：文部科学省「学習指導要領解説」を参考に筆者作成

2. 授業づくりのポイント

1) 動機づけ

　マット運動に苦手意識を持つ学習者は多い。そのため、単元のはじめや各時間の準備運動において簡易化された遊びの要素を含む運動を採り入れることで、マット運動への苦手意識を軽減し安心して取り組むことができるようにする必要がある。具体的には、動物じゃんけんや進化じゃんけんなどの遊びを通して、マット運動の基本的な動きである支持、回転、逆さの姿勢、手足での移動などを楽しく経験することで、苦手意識を軽減するとともに、その授業で取り上げる学習内容に必要な動きの習得も期待できる。

　また、技の習得に至る過程を示すことも重要である。例えば、マット運動において、初期段階でつまずきやすい技の一つに「後転」があげられる。後転には、前転グループに共通する「順次接触」、「回転加速」の技術に加えて、「頭越し」の回転技術が求められるため、それ以降の同じグループの多様な技の習得につながる重要な技である。しかし、学年が進むにつれて身体的な成長とともに、後方への回転加速をかけることにともなう首の痛みや恐怖心が先行し、後転の習得はより困難になる。そのため、後方への頭越しができなくても、「横に倒れる⇒肩越しで転がる」（図2−2−2）といった頭越しに至る段階を示すことで、後方に転がることへの不安を払拭するような支援が重要である。

図2−2−2　肩越し後ろ転がり
出典：スポーツ庁「小学校体育（運動領域）指導の手引　小学校中学年器械運動 マット運動」 p.3
https://www.mext.go.jp/sports/content/20230602-spt_sseisaku02-000022053_21.pdf

2) 学び方

　マット運動では、できる/できないという個々の技能が明確となることから、目標とする技につながる段階的な指導、つまりスモール・ステップを設定することが重要である。その際、発達段階に関係なく、小学校低学年を中心に位置づけられている基礎となる力（いろいろな方向に転がる、手で体を支える等）や動きの感覚の習得につながる易しい類似の運動（アナロゴン）を重視するとともに、シンクロマット*1のような習得した技を用いて集団的達成を実現する教材も活用することで、楽しさを保障しながら技の習得に取り組むことが大切となる。

　また、マット運動では、知識として、各技の技術的なポイントを十分に全体

*1　シンクロマット
　マット運動において集団で揃えて演技したり、時間差を使って集団で1つの演技を完成したりする教材であり、「個人種目の集団化」の代表的な教材の1つである。

で確認したうえで、そのポイントを観察の視点として互いに動きを観察・評価して課題を見つけることができるようにすることが重要である。その際、グループやペアで、お互いの動きを観察して、動きの実態や変化について話し合う場を設定することが有効である。技の習得はもちろんのこと、お互いの動きを伝え合う際に用いる知識は外部観察可能な知識の習得にもつながる。しかし、一定のスピードで連続的に動く他者の動きを見て、動きを評価することは難しい。また、他者から動きの課題を指摘されても、「自分はやっているつもり」であるため、指摘されたことに納得ができない場合も少なくない。「もっと○○すればいいよ」と助言されても、自分の感覚と合わない場合もある。そのため、何度も繰り返して動きを確認できるICT機器を活用することが有効である。

3）振り返り方（まとめ）

各時間の振り返りにおいては、学習した技のポイントに関する知識を再度確認することで定着を図ったり、課題を確認して次の授業における見通しを持ったりすることが大切である。さらに、マット運動では、力をいれるタイミングや程度等、「どんな感じ」で動くとうまくいくのかといった点が各個人で異なる。そのため、自身の内部感覚も言語化して共有することで、「私も同じ感じかもしれない」という気づきを促すことが期待できる。

3 鉄棒運動

1. 鉄棒運動とは

鉄棒運動では、支持系と懸垂系で構成される「技」について、小学校段階ではその技を身に付けることを中心に、中学校段階では技をより良くできることや自己に適した技で演技すること、さらに高等学校では自己や仲間の解決を含む多様な楽しさや喜びを味わうことのできる学習が求められている。

特に、鉄棒運動は、支持、懸垂、回転といった非日常的な動作が比較的多い。そのため、鉄棒の技の習得には、その前提として懸垂、支持、バランス、回転、姿勢保持などの多様な運動感覚を高めておくことが求められる。しかし、鉄棒運動は、中学1年・2年で、跳び箱運動と平均台運動を加えた3つの内容から選択となるため、中学校や高等学校で鉄棒運動を学習する学習者は少ない現状もある。そのため、小学校高学年以降に示される技の組み合わせや繰り返しといった自己に適した技を用いて演技するという鉄棒運動の多様な楽しさや喜びを味わう学習者が少ない点は課題としてあげられる。

2. 授業づくりのポイント

1) 動機づけ

　鉄棒運動は、落下の恐怖や体と鉄棒の接触による痛みが学習を阻害する大きな要因になるため、まずは鉄棒そのものに慣れていくことが重要である。そのため、学年段階に関係なく、小学校低学年で取り上げるような「さる（ぶら下がり）」や「つばめ」、「ふとん干し」等の簡単な運動（図2－2－3）を遊びとして採り入れることで、鉄棒運動に慣れて恐怖心を低減できるとともに、成功体験によって運動への意欲の向上が期待できる。

　また、グループで取り組むことにより試技者を含む学習者同士が関わりを持つ（例えば「つばめ」の姿勢で秒数を数える、「ぶたの丸焼き」でじゃんけんの相手になるなど）ことによって、一緒に活動する仲間がいる安心感のある雰囲気の中で学習に取り組むことができる。

　さらに、鉄棒への接触等での痛みが学習への取り組みだけでなく動きそのものを阻害してしまうことにもつながるため、補助具を用いるなど視覚的にも安心感が持てるような支援等が必要である。

図2－2－3　小学校低学年で取り上げる鉄棒を使った運動遊びの例
出典：スポーツ庁「小学校体育（運動領域）指導の手引　器械・器具を使っての運動遊び固定施設を使った運動遊び、鉄棒を使った運動遊び」p.7
https://www.mext.go.jp/sports/content/20230602-spt_sseisaku02-000022053_12.pdf

2) 学び方

　鉄棒運動では、技の習得をめざす前提として、懸垂力、支持力、バランス力、回転感覚、姿勢保持能力などを高めておく必要がある。そのため、多様な運動感覚を経験できる予備的運動を授業の導入段階に行うことが重要である。その際、上がり技、下り技、回転技のそれぞれにつながる運動を行うことが求められる。特に、鉄棒運動が苦手な学習者にとって、複雑な技術で構成される鉄棒運動の技の習得は、「～しながら～する」という同時進行的に複数の動作を並行して行うため、極めて難易度が高い。そのため、予備的運動は、単元を通して準備運動に続いて実施することによって感覚づくり、動きづくりの習熟を図ることが重要である。

また、鉄棒運動の学習では、学習の場となる鉄棒の数が限定されることも多い。取り組む技や学習者の身長等によっても複数の高さの鉄棒を用意する必要があるものの、同時に試技することのできる学習者の数は限定される。そのため、同じ鉄棒で取り組む学習者をグループ分けしたうえで、ただ順番待ちをする（待機する）状態にならないように、観察や映像撮影等の役割を与えることで認知的な学習を促すことができる。

3）振り返り方（まとめ）

　鉄棒運動の動きづくりや実際の技のポイントには、器械運動における他の種目や他の領域で出現する動きがいくつかみられる。そのため、すでに経験している可能性の高い運動と関連づけて技のポイントを振り返ることによって「あのときの感じ」への気づきが生まれることが期待できる。例えば、逆上がりにおいて、足を振り上げながら後方に肩を倒して回転させる後方への回転感覚は、マット運動の後転の動きや感覚と類似する。特に腕の引きつけを意識するあまり肩が後方に倒れない場合や振り上げる足が前方にいく場合にはマット運動での後転の感覚やポイントに気づかせることによって、経験したことのない動きとしての認識から、すでに経験したことのある動きとしてイメージできるようになる。

❹ 平均台運動

1. 平均台運動とは

　平均台運動では、体操系とバランス系で構成される「技」について、中学校の段階では技をより良くできることや自己に適した技で演技すること、さらに高等学校の段階では自己や仲間の解決を含む多様な楽しさや喜びを味わうことのできる学習が求められている。

　高さのある場所での運動という非日常的な場面で、回転や方向転換などバランスを保ちながら止まったり動いたりすることは、平均台運動の大きな特徴であるといえる。それゆえ、平均台運動は平均台という器具の持つ幅、長さ、高さによる運動空間の制限が特性でもあり、それが学習の大きな障害にもなる。また、平均台運動は、中学1年・2年段階ではじめて示される内容ではあるものの、跳び箱運動と鉄棒運動の3つの内容から選択する領域であるため、中学校や高等学校を通して平均台運動を経験する学習者が少ない現状もある。

2. 授業づくりのポイント

1）動機づけ

　平均台運動は、平均台の幅、長さ、高さという物理的要素によって制限される中で行う運動である。そのため、特に幅や高さに慣れ、その制限された空間の中で質の高い動きをめざす必要がある。小学校低学年に位置づく平均台を使った運動遊びは、バランス感覚を主たる目的とする一方で、器械運動としての平均台運動はバランス保持を前提として美しく、スムーズに動く「技」に結びつけていかなければならない。しかしながら、幅、長さ、高さという制限された空間の中での運動は、平均台運動以外に経験する機会は極めて少ない。そのため、まずは平均台の特性に慣れる遊びを通して、ある程度のバランスのコントロールができるようになってから、少しずつ技としての走・歩やポーズ（静止）、回転や跳躍に移行する必要がある。

2）学び方

　平均台で行う技の多くは、フロアに引かれたライン上等の安定的な空間では容易だが、それを平均台の上で行おうとした場合、途端に難しい課題となる。それは、平均台の幅と高さという物理的な条件によって身体のバランスが崩れやすくなるためである。そのためまずは、発問等を通して、平均台の運動の特性に気づかせることが必要である。その際、フロア上でのバランスの取り方と平均台上でのバランスの取り方の違いや自身の重心の位置等を踏まえて、フロアと平均台の上の条件の違いによる動きの変化についてを考えさせることで、平均台運動の面白さに気づくことが期待できる。その際、同じ運動がフロア上と平均台上でどの程度違う動きになっているかを確認するために、ICT等を用いることも有効である。

　また、平均台運動は、高さのある場所での運動という非日常的な場面で、バランスを保ちながら止まったり動いたりするという慣れない動きを伴うことから、場の工夫や補助等による安全への配慮が必要である。特に、中学校段階ではじめて経験するため、基本的な動きの感覚づくりから取り入れる必要がある。さらに、体の発育が著しい時期の学習者にとって自身の体をコントロールすることが難しい場合も少なくない。そのため、床面のラインや低い平均台を用いるなど易しい場での技（基本動作）の習得から段階的に学習することが重要である。その際、図2－2－4に示したような小学校で行った平均台を使った運動（遊び）やバランスをとる運動（遊び）等を取り入れることにより、平均台運動の技の土台づくりをする必要がある。

○じゃんけんをしながら進んだり、戻ったりする

平均台でじゃんけんをしながら進む。

○行い方を工夫する

平均台の進み方を工夫する。

コーンなどの障害物を置く。

図2－2－4　平均台を使った遊びの例
出典：スポーツ庁：小学校体育（運動領域）指導の手引　器械・器具を使っての運動遊び固定施設を使った運動遊び、鉄棒を使った運動遊び　p.6
https://www.mext.go.jp/sports/content/20230602-spt_sseisaku02-000022053_12.pdf

3）振り返り方（まとめ）

　平均台運動では、個々の技の習得に加えて、技を組み合わせたり演技を構成したりすることも学習内容として位置づけられている。その際、演技の組み合わせや構成では、技の選択に加えてその順序も工夫する必要がある。なぜなら、実際の演技では、個々の技の出来栄えだけではなく、技と技の移行における動き方やスムーズさが重要になるからである。演技の発表では、お互いの演技を、個々の技の出来栄えだけではなく、技と技の移行における動き方やスムーズさの点も評価し合うことで、理解がより深まっていくことが期待できる。

5　跳び箱運動

1. 跳び箱運動とは

　跳び箱運動では、切り返し系と回転系で構成される技について、小学校段階ではその技を身に付けることを中心に、中学校段階では技をより良くできることや条件を変えたり発展技に取り組むこと、さらに高等学校では自己や仲間の課題解決を含む多様な楽しさや喜びを味わうことのできる学習が求められている。

　さらに、跳び箱運動では、助走から踏み切り－（第1空中局面－）着手－（第2空中局面－）着地という動作を一連の流れとして行うことが必要になる。器械運動系の他の内容と同様に、非日常的な動作や他の運動領域では経験しない動作が多く、小学校低学年の跳び箱を使った運動遊びにおける感覚づくりは重要な学習となる。

2. 授業づくりのポイント

1）動機づけ

　器械運動系領域の技の達成には、できない技ができるようになる、条件を変えてできる、より上手にできる、という拡がりがある。このような技の達成の多様性は、基本的な技やできるようになった技でも、達成の楽しさを得ることができることを意味している。そのため、新しい技や発展技に挑戦する方向性のみに課題の方向性が向かないように留意することにより、自分にできる技でも楽しむことができるという自己の能力に応じた課題を見つけて楽しく学習に取り組むことが可能になる。

　また、個人種目が中心となる器械運動において、集団的達成を促す運動の集団化は器械運動の多様な楽しさや喜びを感じるうえで有効である。跳び箱運動は、マット運動や鉄棒運動と異なり、同じ技を繰り返したり、構成して演技したりすることはできない。しかしながら、開脚跳びという1つの技について、複数でリズムやタイミングを合わせて跳ぶことは、個人でその技を成功させることとは異なる課題性が生じる。そこで学習者に考えさせるべきは、「どうすればタイミングが合うか」という互いの運動感覚のすり合わせである。これは「跳び箱を跳ぶ」、「技を成功させる」という個々の取り組みでは生じない運動の内部感覚を他者と合わせる必要があるためである。個々の技への取り組みにおける教え合いは観察者と主体という関係であったものが、運動の集団化によって主体と主体の内部感覚による対話を促すことにつながることが期待できる。

　また、助走についても、長い助走によりスピードが出ることによる恐怖心から踏切時に助走の勢いを殺してしまうことが多い。助走から両足で踏み切る動きは、跳び箱運動の特徴的な動作であり、3歩程度の短い助走から両足で踏み切る運動遊びを多く取り入れるとともに、技においても短い助走から踏切板をうまく使うことができるようにすることで、恐怖心を感じずに運動に取り組むことができる。

2）学び方

　跳び箱の授業では、より高い跳び箱を跳ぶことを目標にしたり、そのために長い助走距離を選択させたりする光景がしばしば見られる。しかし、跳び箱運動の目標は、より高い跳び箱を跳び越えることではなく、技の出来栄えを楽しむことにある。この点を踏まえると、学習の段階や内容、学習者個々の身長や能力に応じて効果的かつ安全な場を選択できるような設定が求められる。また、取り組む技やその課題に応じても、初期段階で適切な高さが異なる。例えば、

台上前転において踏切から腰の高さが上がらない場合、低い跳び箱での学習が安全に効果的であるといえる。その一方で、はね跳び系では、低すぎることで第二空中局面から着地を確保することが難しくなるため、各技の特徴に応じて適切な高さの学習の場を設定する必要がある。

　また、各々の課題を解決できるように多数の場を用意して個々の課題に応じた場を選択して取り組む様子がみられる。これは「思考力・判断力・表現力等」に関して「自己の能力に適した課題を解決する」ことにおいて重要である。特に跳び箱運動は、助走－踏み切り－着地の3つの要素を一連の流れとして行うことが求められるため、技の成否において一連の動作の中からどこに課題があるかを見極める必要がある。そのため、多数の場を用いるうえでは各場の設定がその単元で取り上げる技術ポイントと対応しているか、子どもたち自身が各場の意味を十分に理解しているか等について検討する必要がある。

3）振り返り方（まとめ）

　運動の集団化を図った場合の課題解決の学習においては、振り返りの時間に対話した内容について再度確認することによって運動を行いながら気づいたことを整理し、次時の学習につなげることができる。また、運動の集団化においては、個で取り組む際には個々で異なる感覚を認め合う段階でよい状態から、その個々での違いを互いに相手／仲間の違いを受け入れ合意していく必要がある。そのため、「学びに向かう力・人間性等」における学習内容の一つである参画や共生に関する態度が求められる。個々の「行いやすさ」を超えて、集団としての達成をめざして個々の違いを大切にしながら意思決定していく重要性に気づかせるように留意する必要がある。

器械運動を楽しむために

　器械運動では、日々の生活の中で習得する機会がない動きを習得させる点に特徴があります。また、歩く、跳ぶなどの日常的な動きであっても、物や状況等が異なることで実際にやってみると難しい、という点も特徴であると言えます。そのため、回る、逆さに代表される非日常的な動きについては、体育授業の中でその運動感覚を習得できるようにしていく必要があります。それでは、そもそも器械運動で味わうことのできる「楽しさ」や「喜び」にはどのようなものがあるでしょうか。器械運動の授業の中で、どのようなときに「楽しさ」や「喜び」を感じたり、「面白い」「もっとやってみたい」と感じたりするのか、自分の受けてきた器械運動の授業を思い出しながら考えてみましょう。一方で、運動が苦手だと感じている

学習者はどのようなことに躓くでしょうか。運動を苦手とする学習者が器械運動に消極的になる原因を考えてみましょう。

　また、基本的に個人で行う種目になるため、できる／できないがはっきりと他の人から見て分かってしまうという点も特徴です。できないことを他の人に見られてしまうのが嫌だから、練習に対して消極的になり、技の習得が一層難しくなる場面はよく見受けられます。まずは、全員が取り組むことのできる運動、特に主運動につながる内容を段階的に取り組むことで基礎となる力や動きの感覚づくりをすることが大切です。さらに、技に取り組むときには、能力や課題に応じた多様な練習の方法や場を設定することも必要です。それでは、失敗したり、うまくできなくても、恥ずかしくない（気にならない）ような練習方法や学習環境を考えてみましょう。

　学校体育では「器械運動」と示されるこの領域は、競技スポーツとしては「体操競技」といわれます。また、体操競技も含む「体操」には、「新体操」や「トランポリン」、「アクロ体操」、「Gymnastics for All（旧一般体操）」、「エアロビック」、「パルクール」など多様な体操があります。多様な体操のそれぞれにどのような面白さがあるのか見たり、知ったりすることもこの領域の学習を一層深めることにつながります。

確認テスト

❖ 基礎問題①
　器械運動の特徴はどこにあるでしょうか？　器械運動で向上の期待できる具体的な運動感覚と合わせて説明してみましょう。

❖ 基礎問題②
　「マット運動」においてICT機器を活用するメリットはどこにあるでしょうか？　理由も合わせて、具体的に説明してみましょう。

❖ 基礎問題③
　「鉄棒運動」において学習の場が限定される場合に、どのような工夫が必要か説明してみましょう。

❖ 基礎問題④
　「平均台運動」において、安全に学習を進めるための配慮について具体的に挙げ、説明してみましょう。

❖ **基礎問題⑤**

「跳び箱運動」において、多数の学習の場を用意し、学習者が選択して取り組む際にどのようなことに留意する必要があるか、説明してみましょう。

◆ **応用問題①**

跳び箱の授業において、クラスで1人だけどうしても跳び箱の課題ができない児童（生徒）がいて、つまらなそうにしています。あなたならこの児童（生徒）が楽しく授業に取り組めるようになるために、どのように声をかけるか、考えてみましょう。

◆ **応用問題②**

マット運動の授業で、倒立を行うためにペアで補助をする活動を行おうと思いますが、クラスには身長の高い児童（生徒）が1人います。あなたならどのような工夫をするか、考えてみましょう。

COLUMN 体育社会学 3　映画『フラガール』から学ぶ地域社会とスポーツ

■地域社会とスポーツの入門一歩手前

　大学から学び始める社会学とは、高校まで学んできた社会科（地歴公民）とは、ギャップがある。私たちが生きている社会と社会学というのは地続きになっているはずなのに、大学で勉強する社会学と実際の生活とは距離が生まれ、社会学を勉強する対象としてみてしまう。こうした現状に問題関心を抱きながら、体育社会学の1つのテーマである地域社会とスポーツについて考えてみよう。

　今回小見出しを「入門一歩手前」としたのは、具体的な話をする前に映画『フラガール』を取り上げて、社会学と実社会の関係を感じてもらいたいからである。『フラガール』の舞台は1960年代の福島県いわき市の炭鉱町で、「スパリゾートハワイアンズ」の誕生に地域社会とスポーツ（ここではフラダンス）を考えてみたい。

　まずは、地域社会について整理する。1960年代の日本社会とは、「もはや戦後ではない」という名言に代表される高度経済成長期の時代であり、エネルギーの主役が石炭から石油に転換することとなった。こうした時代の中で福島県いわき市の炭鉱町でも、石炭に依存して町の経済が成り立っていたため、石油へのエネルギー転換は大打撃となった。こうした問題を抱える中で、地域社会の再生の一手として考えられたのが、温泉レジャー施設「ハワイアンズ」の建設であった。

■なぜ地域社会の再生にフラダンスだったのか？

　では、なぜ炭鉱町から温泉レジャー施設へと転換が目指されたのか。また、なぜフラダンスだったのかについて考えてみる。

　まず、この地区では、炭鉱で石炭採掘を進める際に、温泉が湧き出てきていた。温泉を掘り当てたと聞くとアタリのように思えるかもしれないが、石炭採掘を目的としている場合には、40度近い地熱による劣悪な環境と採掘の妨げとなる湧出量の処理に追われ、温泉が非常に煩わしい問題であった。しかし、いざ炭鉱が閉山になるとこの温泉に光が当てられ、東北の地であっても温泉の温暖な空間として南国の雰囲気を創り出すことができると期待されたのである。

　そして、この温泉レジャー施設を成功させるために不可欠だったのが、フラダンスであった。南国といえばハワイ、ハワイと言えばフラダンスというイメージ戦略から導かれ、1965（昭和40）年には日本初のフラダンスの学校「常磐音楽舞踊学院」が設立され、パフォーマーの育成も進められていった。このパフォーマーたちは、炭鉱関係者の娘たちで構成されており、ダンスを踊ったことのない彼女たちが炭鉱町の再生のために踊ることが重要な意味を持つと考えられていたのであった。

　ここに体育社会学で注目したいポイントがある。温泉レジャー施設の集客のためのパフォーマンスを実現することを合理的に考えれば、上手なパフォーマー、あるいはハワイの方を連れてきて、踊ってもらう方がパフォーマンスの質も高く、費用としても学校を設立するコストは削減できた。しかし、炭鉱町の人々はその娘たちが踊ることに意味を見出し、地域社会の再生を目指したのである。このように、どんな人たちがどんなスポーツに取り組んでいるのかについて理解するためには、その人々が生きる社会との関係を切り離すことはできない。

　これまでの自分の経験では考えられない知識に出会い、自分を豊かにするきっかけになるのが体育社会学であると筆者は考えている。

| 第3章 | 陸上競技

1 陸上競技の特性

1. 陸上競技とは

　陸上競技の特性は、合理的な身体操作、すなわち速く走る、遠く・高く跳ぶ、といった目的に対して理に適った動きを追究することにある。こうした動きを追究する思考と身体操作の能力は、他の領域の運動にも応用可能であり、陸上競技はその最たる例を扱っていることになる。また、陸上競技は記録によってパフォーマンスのレベルが明確になる特性も持つが、学校体育においては、各々が合理的な身体操作の学習によってどのように能力を伸ばすことができるかが重要であり、学習者同士の能力の比べ合いに終始したり、能力の高い者のみを賞賛したりすることがないようにすることが大切である。

2. 学習内容の整理

1）知識及び技能

　小学校では、走・跳・（投）の運動（遊び）を通して楽しさを味わいながら、徐々に陸上競技の基本的な動作を身につけることをめざす。中学校では、走・跳の技能向上や効率的な動きの習得に取り組みつつ、体力を高め、技術の名称や運動観察の方法を学ぶ。高等学校では、さらに課題解決の方法を習得し、走・跳・投の技能を深化させるとともに、競技会の行い方についても学んでいく。

2）思考力・判断力・表現力等

　小学校では、簡単な運動（遊び）や競争の工夫を通じ、自己の能力に適した課題を解決し、友達に伝える力を養う。中学校では、各種目の動きにおける自己の課題を合理的に解決し、他者に伝える力をさらに深める。高等学校では、生涯にわたる運動の継続を見据え、自己や仲間の課題を合理的かつ計画的に解決する力を育成し、考えを的確に伝える力を高める。

3）学びに向かう力・人間性

　小学校では、順番やきまりを守り、誰とでも仲よく運動しながら勝敗を受け入れ、安全に配慮する態度を身につける。中学校では、ルールやマナーを守り、分担した役割を果たすとともに、一人ひとりの違いに応じた課題や挑戦を認め

る姿勢を育てる。高等学校では、主体的に競技に取り組み、冷静に勝敗を受け止め、責任を果たしながら、健康や安全を確保する力を高める。

❷ 短距離走・リレー

1. 短距離走・リレーとは

　ヒトは2歳ごろになると自然に「走る」ことができるようになり、その後走る速さ（疾走速度）も中高生くらいまでは身体の成長に伴って向上していくため、技能向上のための指導の必要性が認識されづらいという特性がある。そのため、年度はじめの体力テストや、運動会・体育祭などの練習としてタイム計測を行うことが短距離走・リレーの授業と見なされ、技能に関する指導を受けていないという実態も少なくない。また、体育の授業では、短距離走でもリレーでも、能力を直接比べ合うような競走が行われていることが非常に多い。例えば、2名から複数名が並んでの50～100m走（あるいはタイム計測）や全員リレー、紅白リレーなどである。しかし、これらの競走に終始することは、単に個人の身体能力を比べ合うこととなり、固定的な能力観、つまり速い人は生まれつき速く、自分の足が速くなることはない、という諦めのような感情を学習者に抱かせてしまう可能性が高いため、体育授業としては望ましくない。習熟度は個人によってかなり差があり、幼児期においても既に能力の高い者と低い者に明確な動きの違いがあることが明らかにされている。幼児期以降の年代においても同様の報告は多くなされていることから、やはり体育授業では、学習指導要領に記載されているような「速く走る（効率良い動きで走る・合理的な動きで走る）」ための動きを段階的に身につける指導を行っていくことが重要であると言える。

2. 授業づくりのポイント

1）動機づけ

　短距離走・リレーでは、学習者が自身の能力に対して諦めのような感情を抱いていることが多い。そのため、教員が学習者に対して、短距離走・リレーでは何を学習するのか（何を評価するのか）を明確に示す必要がある。速く走るための合理的な技術の学習の結果として、元のタイムからどれだけ伸ばすことができたのか、バトンをどれだけスムーズにつなぐことができたのか、そのためにどのようにして学習に取り組んだのか、といった学習の過程や成果を評価す

ることを予め学習者に伝え、意欲を失わせないようにすることが重要である。

　また、特にリレーにおいては、スムーズなバトンパスがいかに重要であるかを理解するために、リオデジャネイロオリンピックの日本代表が4×100mリレーで銀メダルを獲得した例が活用できる。当時の代表選手の4名はいずれも100m走では準決勝までで敗退しているにも関わらず、4名がバトンをつないで走った結果は銀メダルだった。このような事例を伝えることで、より期待感をもってリレーに臨めるようになることが期待できる。

2）学び方

　短距離走・リレーを学ぶにあたっては、協働的な学びとなるような工夫を取り入れることが効果的である。ただし、単に「お互いの課題を見つけ、解決のために教え合いましょう」と指示するだけではなく、教材自体に協働的な学びを生じさせる機能を持たせることが重要である。例えば、短距離走の「スティックダッシュゲーム」（図2-3-1）では、個人の得点の伸びをグループで合算し、その合計点で他グループと競うという工夫によって、能力の差がある学習者同士でも、協働的な学びを必然的に促進することができる。また、リレーにおいても、2人（もしくはグループの複数人）の50m走の合計タイムと2人でバトンをつないで走った時のタイムの差を小さくすることを学習課題として設定することで、バトンパスのタイミングや場所、受け渡し方について、課題を見つけ、

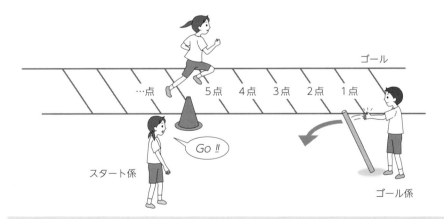

◆ **スティックダッシュゲームの実施方法**
50mのコース上にゴールから1mごとに1点・2点・3点…と1点ずつ目印を置いておく。走者は予め何点を狙うか宣言し、50mのスタートラインから全力で走る。走者が宣言したポイントを通過したらスタート係がGO！と掛け声をかけ、ゴール係がスティックから手を離す。スティックが倒れるより前に走者がゴールを通過できれば宣言したポイントを獲得する。チーム全員で繰り返し走り、合計点を算出する。

図2-3-1　スティックダッシュゲームの実施方法
出典：鈴木康介・友添秀則・吉永武史・梶将徳「小学校高学年の体育授業における短距離走の学習指導プログラムの効果」『スポーツ教育学研究』第36巻第1号　p.4,8をもとに作成

解決しようと教え合うようになることが期待できる。

　さらに、短距離走・リレーでは、こうした協働的な学びを前提に、「楽しむための学習」と「楽しむことの学習」との両面を重視することが大切である。「楽しむための学習」とは、ゲームや競走（レース）などによって、技能を発揮すること、すなわち全力疾走やバトンをつないで走るリレー自体の楽しさに触れることである。一方、こうしたゲームや競走を楽しむためには、各々の技能の向上が必須となる。したがって、「楽しむための学習」とは、短距離走では、良い姿勢、脚の振り戻し、脚の素早い入れ替えなどの疾走動作を身につけることであり、リレーでは、バトンパスのタイミングと受け渡し方について学ぶことを指す。「楽しむための学習」と「楽しむことの学習」を循環するような学習過程を構成することで、短距離走・リレーの学習をより充実したものにすることが大切である。

3）振り返り方（まとめ）

　学習の振り返りにおいて重要なのは、どれくらい記録を伸ばすことができたのかという数値（記録）ばかりに目を向けさせるのではなく、学習過程における自らの身体操作やそのための感覚、力感などの変化にも意識を向けさせることである。そのため、実際に運動している動画を見ながら振り返りを促すことも有効である。

3 長距離走

1. 長距離走とは

　長距離走は、長い距離を一定のペースで、あるいはペースを変えながら走り切ったり競走したりすることが目的である。一方、よく混同されるが同じように長く走る運動としては持久走がある。持久走はある程度の長い時間、一定のペースで、あるいはペースを変えながら走り続けることが目的である。すなわち、長距離走と持久走とでは運動の目的が異なるものである。また、学習指導要領上、陸上競技領域に長距離走が位置づけられるのは中学校以降であり、小学校では陸上運動領域に長距離走は位置づけられていない。一方、持久走は小学校、中学校とも陸上運動・競技領域ではなく、体つくり運動領域に位置づけられるものである。しかし、実際には長距離走も持久走も、学習者にとっては、単に「（時間や距離を）長く走る運動」として認識され、混同されていることが多く、教員にもその傾向はある。例えば冬の時期に、学校や地域行事とし

て開催されるマラソン大会や駅伝大会（一定の距離を走るもの）の練習として、体育授業で持久走（一定の時間を走るもの）が扱われることは、学校種を問わず大変多い。もちろん学習内容として、持久走でも長距離走でも、無理のないペースで走ることを学ぶことができるものではあるが、一定の時間を走り続ける持久走と、一定の距離を走る長距離走では、ペースの維持・変化に関わる思考・判断が異なるため、授業で長距離走を扱う際には、特に持久走との目的の違いに留意する必要がある。

　また、長距離走は、身体的負荷の高さや動きの単調さ等から、学習者は学習前から苦手意識を持っていたり、運動への意欲を失っていたりすることが多い。もちろん、長距離走では競走を楽しむことも学習内容として位置づけられているが、どのように楽しむかという点の理解がなければ楽しむことは難しい。実際に、走るペースに関する学習がないままに競走を行う授業が散見される。これでは個人の身体能力を直接競い合わせるだけの場となり、多くの学習者が意欲を失うことにつながるため、学習内容を明示するとともに個人の能力差への配慮が必要である。

2. 授業づくりのポイント

1）動機づけ

　長距離走において学習者が意欲を失ってしまう要因には、同じ場所をぐるぐると走ったり、同じ動きを繰り返したりすることによる単調さや、息苦しさ、体温の上昇などの身体的苦痛や不快感などがあげられる。また、自身にあったペースで走っているにも関わらずペースを上げるように求められたり、ゆっくり走っていることで怒られたり、競走することを過度に求められたりといった、自身の取り組みを否定されるような指示によって、走ることが嫌になってしまうことがある。したがって、まずは学習者が意欲を失う要因を理解し、学習者の気持ちに寄り添うことが大切になる。また、このような長距離走に対する学習者の気持ちは、学習者同士にも理解させることが大切である。例えば、ゆっくりしたペースで走るという課題に取り組む際に、体力に自信がある学習者が、学習課題を無視して速いペースで走り始めたとする。どんな時でも速いペースで全力を出して取り組む姿勢が賞賛されがちであるが、ゆっくりしたペースで走ることが学習課題に設定されている授業を展開するのであれば、これは課題から外れた行動（オフタスク）になる。さらに、そのような態度は、体力に自信がない学習者にとっては、自分との能力差を見せつけられていると感じて意欲の減退につながりかねない。そのため、全体の雰囲気づくりのためにも、学習

課題を明確に伝えて、どのような走り方を求めているのかを明確にした授業づくりが重要である。

また、長距離走では場や道具の工夫も行うことで積極的な授業参加を促進することができる。例えば、グラウンドのトラックを一方向にぐるぐると回るのではなく、学校の外周なども走れるようにする、走る方向も様々に変えられるようにする、中高生であればスマートフォンなどを活用して走った距離や時間を計測する、音楽を聴きながら走るといった工夫が可能であろう。もちろん各学校で条件が異なるが、これらの工夫は、いわゆる市民ランナーと言われる日常的にランニングをする人が行っていることであり、これらの心理的な配慮によって学習者の長距離走への意欲の減退を回避して積極的に学習に取り組むことができるようになる。

2）学び方

長距離走の学習においては、①走ることに対する抵抗感を軽減する、②自身にあったペースで走れるようにする、③競走を楽しむ、という3つの段階的な課題が想定できる。①と②については、ランニングでは「ニコニコペース」（笑顔で走れる程度の運動負荷）が最も運動効率がよく、長続きしやすいペースであることが広く知られている。また、②に関する教材については、走るコースを自由に選べるようにする実践や折り返す場所によってペースをコントロールし

図2-3-2　パシュート方式での実践
出典：佐藤善人・髙田由基・田口智洋・揖斐祐治 編著『小学校・中学校のランニング教育：「気持ちいい」から「かっこいい」まで』2018年　大日本図書をもとに作成

やすくするような実践がある。また③については、追い越し区間と制限区間を設けて競走相手との駆け引きを楽しむ実践がある。

また、①については、走ることそれ自体ではなく、他のことへ目的意識を向けた学習活動によって、結果的に長く走っていたというような経験をさせるのも有効である。例えば、パシュート方式で先頭の人のマネをしながら走り、途中でどんどん先頭を交代していくような実践がある（図2-3-2）。

また、持久走の学習のために作成した「フルーツバスケットをつくろう」という実践もある。これは、各自が一定時間ニコニコペースで走り、走った距離に応じて、紙で作った各種フルーツを買い物できるようにする。例えばイチゴは

100mで1個、オレンジは200mで1個…といった具合である（図2－3－3）。つまり、1000m走ったのであればイチゴを10個買っても、オレンジを5個買っても良い。次に、グループで各自のフルーツを持ち寄ってバスケット型の台紙に貼り、フルーツバスケットをつくるというのがこの教材の活動である。フルーツを持ち寄って貼る際に、誰がどの程度の距離を走ったのかは曖昧になる点にメリットがある。走った距離は個人で把握できれば他者と比較する必要はないため、個人で買ったフルーツはグループに持ち寄ってはじめに混ぜてよい。また、自分ひとりでは多くのフルーツを買うことができなかったとしても、グループで持ち寄れば立派なフルーツバスケットができあがる。そうしてできあがったフルーツバスケットのフルーツを数えて逆算すれば、グループ全員で走った距離も計算できるため、例えば地図上で学校からその距離だけ離れたランドマークを探し、「〇〇までこのフルーツバスケットを届けた」という仮想体験をさせた上で、次の目標を考えさせるのも良い。このように、走ること自体よりも、その先にある活動に目を向けさせることで、心理的な負担感を軽減させることができるため、こうした走ることのきっかけをつくる教材によって抵抗感を軽減させながら、②や③へと段階的に発展させて学習させることができる。

 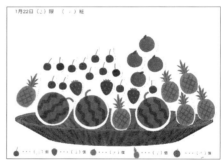

図2－3－3　走った距離をフルーツバスケットに置き換えている様子とできあがったフルーツバスケット

3) 振り返り方（まとめ）

　長距離走の振り返りについては、他者との関係よりも、自己の振り返りを大切にしたい。長く走る際の負担感は、学習者個々によってかなり差がある。したがって、客観的な数値による振り返りよりも、その時の自身の感じ方や、身体と心の変化に着目させ、自身にとって有意義な学習になったかどうか、学習を継続していく先に、どのような姿になっていたいか、といったことを中心とした振り返りを展開するのが重要である。

4 ハードル走

1. ハードル走とは

　ハードル走はスタートからゴールまで、いかに障害物に邪魔をされないように走り切るかを目的とする種目である。そのため、ハードルを滑らかに走り越すための技術（ハードリング）や、滑らかに走り続けるための技術（リズムのコントロールやインターバルの走り方）が必要となる。また、ハードリングの技術においても、抜き脚やリード脚（振り上げ脚）、そして上体の使い方といった複数の課題がある。

　このように、ハードル走は習得すべき明確な技術が複数あるため、授業は構成しやすく、また学習者にとっても教員にとっても見通しが立てやすい種目ではある。しかし、ハードルに足や膝をぶつけたり、そのはずみで転倒したりするリスクがあるため、学習者が怖がって学習が進まないという課題もある。また、ハードル走における複数の技術に関する課題は、互いに密接に関係しあっているため、一つひとつの技術の習得ができても、それらを連続した動きの中で発揮しようとすると、いずれかの技術が抜け落ちたり、スピードが高まることで動きが追い付かなくなったりするような難しさがある。

2. 授業づくりのポイント

1）動機づけ

　まずハードルへの接触に関する恐怖心を軽減させる工夫が必要である。恐怖心の軽減においては、発達段階に応じた課題設定だけでなく、技術を習得させる順番も重要となる。ハードル走は、競技のイメージに基づいて体育授業でも3歩のリズムの習得から学習を始める場面をよく目にする。また、ハードルを越える技術についても、動きの順番通りに、リード脚（振り上げ脚）を練習してから抜き脚の練習をする授業が多い。しかし、ハードルへの接触による恐怖心を考慮すると、抜き脚の学習をはじめに行うのが有効である。抜き脚をきちんと動かすことができれば、膝や足がハードルに当たるリスクはほとんどなくなるため、恐怖心が緩和される。また、ハードルに接触せずに越えられるようになると、スピードやリズムのコントロールもしやすくなるため、ハードルに近づきすぎたり、遠すぎたりする際に無理に跳ぶことが減り、転倒のリスクも減ることになる。

　次に、学習者にとって意味ある学習過程を構成するということも大切である。

一つひとつの技術がなぜハードル走において重要であるのかを理解させながら学習を進めるということである。例えば上記の通り、抜き脚の技術は、安全にハードルを跳び越すために重要であることを理解できれば、抜き脚の膝は高く上がるようになる。また、抜き脚の膝を高く上げるためにはどのような動きをすればよいのか、リード脚（振り上げ脚）を伸ばすのはなぜなのか、リズムよく走ること、あるいは一定のリズム（3歩や5歩）で走ることがなぜ重要なのか、といったことが理解できれば、単にフォームを教えるだけの形式的な授業にならず、学習者が積極的に学習に取り組むことを促進することができる。

2）学び方

準備運動では、ハードル走の基礎的な運動感覚を養うことが重要である。そのために、例えば長縄跳び（8の字跳び）が活用できる。長縄跳びは順回し（縄が学習者から遠ざかる回し方）と逆回し（縄が学習者に向かってくる回し方）があり、それぞれ入り方と出方が異なる。順回しで

図2－3－4　ケンステップを用いたリズムの学習

は縄は遠ざかっていくため、縄を跳ばずに入って出ることが可能である。しかし、逆回しでは縄が向かってくるため、必ず跳ばなければ入ることも出ることもできない。そのため、8の字跳び（1人1回跳んで外に出る）を逆回しで行う場合には、走って跳んですぐに走ることが必要となる。このような走って跳んですぐ走る、という動きはハードル走で行っている動きと共通するため、準備運動として有効である。

次に、ハードルを乗り越えるリズムの学習である。体育授業において「リズミカルに走ろう」、「リズムよく走ろう」という言語的な指導を行う場面がよく見られるが、リズムとは何か、どのようなリズムが良いのか、といった点については教員も学習者も考えることは少ない。そこで、2色のケンステップをランダムに走路に並べ、例えば赤は右足、青は左足などと指定をして、「指定された足でなるべく速くゴールにたどり着く」というルールの運動を行う（図2－3－4）。当然、ランダムに並べられているので、あるところでは同じ足が連続してしまったり、ステップ間の距離が離れていたり近すぎたりしてスムーズに走れない。次に、「走りにくさを解消して、走りやすいようにステップを並び替えてみよう」という課題に変更して、何度か並び替えと検証を繰り返させる。その結果、直線的かつ等間隔で左右交互に並ぶようなステップができるようになる。このよ

うに、リズムよく走れない状態を意図的に経験させることで、リズムとは何か、リズムを整えるには何が必要かといった点が理解できるようになる。なお、途中でステップをミニハードルへと置き換えることで、直接的にハードル走の学習へとつなげていくことも可能である。

さらに、抜き脚とリード脚の学習では、まずこれらの技術がハードルに接触しないために必要であることを示すのが良い。ハードルに接触しない、というのはその分、跳び越える高さを抑えることができるということでもある。例えば、小さくたためない抜き脚や、まっすぐ伸びないリード脚は、ハードルに当ててしまうリスクが高いため、その分高く跳んで回避しなければならなくなる。そのため、抜き脚は小さく、かつ膝がハードルに当たらないように立ててたたみ、リード脚はある程度まっすぐに伸ばせば無駄な高さを跳ばずに速く走ることができるようになる、ということを学習者が理解することで、課題に前向きに取り組むことができるようになる。

3）振り返り方（まとめ）

振り返りでは、まずはハードル走の目的に基づいて、いかにハードルに邪魔をされずに走ることができたかという点を、フラット走（ハードルを置かずに走った時のタイム）とハードル走のタイム差を参考にしながら認識させることが重要である。その上で、よりタイム差を小さくするためにハードリングの技術（抜き脚やリード脚など）やインターバルの技術（リズムなど）の改善が必要であることを確認し、具体的な課題を見つけられるような振り返りが効果的である。その際、ハードルの高さやハードル間の距離についても、最もタイム差が小さく、心地よく走り切れるような自分に合った設定も考えさせることで、より理解が深まっていくことが期待できる。

5 走り幅跳び

1. 走り幅跳びとは

走り幅跳びは、「走って跳ぶ」というシンプルな運動構造を持っているため、技術に関する課題が学習者に理解されやすく、授業としては比較的取り扱いやすい。一方で、「走って跳ぶ」というシンプルさゆえに、全力で走って全力で跳ぶ、というような勢いだけの跳び方でも遠くに跳べれば良い、と認識されやすい。そのため、できるだけ合理的な「走って跳ぶ」という動きを習得することをめざして授業を展開していく必要がある。その際、特に助走局面と空中局面の

間にある踏み切り局面での動きや、踏み切りに至る準備局面に着目し、走ることによって得たエネルギーを、いかに跳ぶためのエネルギーに変換するか、が重要になる。そのため、動きを局面に分けて、それぞれの局面における技術的な課題について学習者が気づけるようになることがポイントとなる。

2. 授業づくりのポイント

1）動機づけ

　走り幅跳びの記録は、学習者の身体能力、特に短距離走の能力や、"バネ"と呼ばれる反発を受けて身体を弾ませる能力に依存する。したがって、どこまで遠くに跳べるかという絶対的な跳躍距離だけを目標として設定してしまうと、身体能力が低い学習者は意欲を失ってしまう。そこで、全ての学習者に対して個に応じた目標を設定する必要がある。例えば、立ち幅跳びの最大記録をもとにした得点表を活用する方法がある（図２－３－５）。あらかじめ計測した立ち幅跳びの最大記録をもとに走り幅跳びの目標を設定する方法であり、立ち幅跳びの２倍の距離を走り幅跳びの目標（10点満点）になるように設定する。立ち幅跳びの記録が160cmだった場合、1.1倍の176cmを跳ぶと１点、1.2倍の192cmを跳ぶと２点となり、2.0倍の320cmを跳ぶと10点になるように設定する。このような得点表を用いると、どれだけ遠くまで跳べたかという絶対的な目標から、各自の身体能力に応じつつも全員が競争できる目標設定が可能

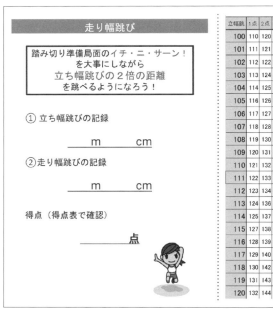

図２－３－５　立ち幅跳びの最大記録をもとにした得点表
出典：陳洋明・池田延行「小学校体育の走り幅跳びにおける目標設定の方法を明確にした授業づくりに関する研究」
　　　『スポーツ教育学研究』第39巻第１号　2019年　p.1-18をもとに筆者作成

となり、すべての学習者が意欲的に取り組むことが可能になる。

2）学び方

まず、踏み切りの準備局面におけるリズムアップの学習を進めることが効果的である（図2−3−6）[1]。「タタターン」のリズムで踏み切って砂場に向かって跳ぶようにする。その際、つまずきの例として、適切なスピードと身体のコントロールができないために着地後に顔から砂場に突っ込んだり、足が砂場に刺さるような着地になったりすることがあるため、お尻を砂場に着ける着地の仕方の指導もする必要がある。「タタターン」のリズムで跳び、砂場に足が着いてから、体育座りをしてお尻を砂場に着けさせるようにすることで、砂場にお尻を着くことへの心理的な抵抗感を減らしつつ、安全な着地を身につけさせることができる。このような学習を通して踏み切りの準備局面でのリズムアップから安全な着地ができるようになれば、歩数を足してリズミカルな助走を習得することで適切なスピードコントロールと身体操作による合理的な跳躍が概ね完成する。ただし、歩数が増えることでスピードが出すぎるリスクもあるため、歩数を足す際には、「タンタンタンタン」「タタターン」の7歩のリズムや「タンタンタンタン・タンタンタンタン」「タタターン」の11歩のリズムなど4歩ずつ足していくことで、スピードの出しすぎを抑えてリズミカルな助走を習得させることができる。

次に、着地については、身体をひらがなの「ん」のような形にすることを課題にした指導をすることが多い。しかし、この方法では、身体を丸めることに意識が向いてしまい、踏み切った直後から身体が縮こまった跳躍になりがちである。そのため、砂場に足、お尻の順に跡（スタンプ）をつけることを課題にした指導が有効である。この方法だと、足を大きく前へ投げだすような伸びやかな跳躍で、かつ安全で合理的な着地となりやすい。

最後に、空間動作について、伸びやかな動作を習得するためには、重心を引き上げるような身体操作、具体的には腕や脚を引き上げることが必要となる。し

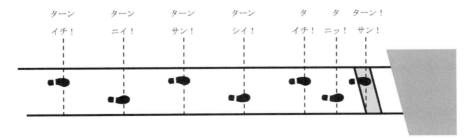

図2−3−6　踏み切りの準備局面におけるリズムアップの学習
出典：筆者作成

かし、腕や脚を引き上げることを直接意識させるような教示は、学習者にその目安や程度が伝わりにくい。そこで、砂場の傍の高鉄棒から紐を張って吊るしたボールをタッチさせるようにするなど、自然に腕を伸ばしたくなるような場を用いるのが効果的である。もし、そのような場がつくれない場合は、砂場をならすためのトンボを掲げてタッチさせるのも効果的な方法である。また、砂場の縁にミニハードルを置いて、それを跳び越えさせるようにするのも、脚を引き上げる自然な動きを習得するうえで効果的である。

3）振り返り方（まとめ）

振り返りでは、課題解決の過程における主観的な動きの感覚の変化について考えさせることが重要である。その際、前述の得点表を用いることで、技能差に関わらず個人の課題解決の過程はもちろんのこと、グループでの得点の伸びについてグループ内の学習者同士で動きや感覚の変化と得点の伸びの関係を考える活動を、取り入れることが可能となる。もちろんそうした活動にあたって、タブレット等で撮影した動画を活用することも効果的である。

6 走り高跳び

1. 走り高跳びとは

走り高跳びは、「はさみ跳び」「ベリーロール」「背面跳び」などの跳躍方法によって一定の高さのバーを跳び越える運動であるが、跳び越す際にバーに足や腰などをぶつけたり、跳躍した後にバランスを崩したりすることがあるため、恐怖心を抱いている学習者が多い。また、運動中の怪我が多く、安全管理への配慮が特に必要な運動でもある。実際に、マット運動で使用する薄いマットを使用したため着地の際に骨折をした事例や、簡易の支柱が倒れて目を負傷した事例などがある。本来は、厚さ50cm以上のエバーマットや、走り高跳び用の正式な支柱を使用すべきではあるが、学習効率や場所の問題などから、エバーマットや正式な支柱を使用できない場合がある。そのため、グループで役割を決めて安全配慮への意識を高めるなど、安全管理を徹底して授業を展開する必要がある。

2. 授業づくりのポイント

1) 動機づけ

走り高跳びの跳躍の記録は、学習者の体格や身体能力に大きく依存するため、例えば「男子は〇〇cm、女子は〇〇cmを跳べれば合格」といった一律の基準を目標として設定すると、体格が小さかったり身体能力が低かったりする学習者は学習意欲を失くしてしまう。また、個々の体格や身体能力の差に配慮せずに目標設定をすると、無理をして高すぎる跳躍に挑戦することで、危険な跳躍による事故につながりかねない。そこで、走り高跳びでは、身長と50m走の記録をもとにした「ノモグラム」[2]や跳躍高の身長に対する割合を用いた方法[3]を用いるのが有効である（図2−3−7）。

また、新しい技術が生み出された背景について考えることも、特に中学生・高校生には運動に対する動機づけを促す方法として有効である。走り高跳びでは、背面跳びの技術が生み出された背景が興味深い。1968年のメキシコシティーオリンピックで、アメリカのディック・フォスベリー（Fosbury, R. D.）選手が世界で初めて背面跳びを披露した。フォスベリー選手は、当時走り高跳びの主流な跳躍方法であったベリーロールが苦手であったため、はさみ跳びでの記録更新に挑戦し続けていた。その過程で、偶然にも背中が大きく後ろに倒れ、背中からバーを越えるような、はさみ跳びとしては失敗の跳躍をした際に、その跳び方がむ

▲ノモグラムを用いた記録表

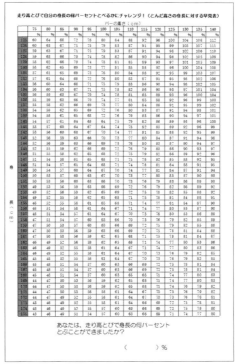

▲跳躍高の身長に対する割合を用いた記録表

図2−3−7
ノモグラムと跳躍高の身長に対する割合を用いた記録表
出典：藤田育郎・池田延行「体育授業における目標設定の手法に関する研究：小学校高学年の走り高跳びを対象として」『体育・スポーツ科学研究（国士舘大学）』第11巻　2011年　p.35-39をもとに筆者作成

しろスムーズにバーを越える跳び方であることに気付いた。これが後に、背面跳びとして確立される技術が生み出された瞬間である。なお、この背面跳びによって、フォスベリー選手は当時のオリンピックレコードである2m24cmを跳び、メキシコオリンピックで優勝を果たした。また、ダンスミュージックのプロデューサー兼DJであったアヴィーチー（Avicii）氏は、フォスベリー選手が背面跳びを生み出した話を元に"Broken Arrows"という楽曲のミュージックビデオのストーリーを描いている。このような技術や競技にまつわる逸話などを知ることも学習への動機づけとして効果的である。

2）学び方

　跳躍技術の習得にあたっては、重心の引き上げとバーの向こう側への身体の移動を両立させることが重要である。重心については、脚や腕等の重さのある部位を大きく引き上げることで、重心も上がることになる。しかし、脚を引き上げる反動で腰が下がってしまうと、重心は上がらない。そのため、バーの上部に掲げたボールや、教員の手に学習者がタッチするような動きを活用して脚の引き上げと腕の引き上げを同時に行うように意識させることが大切である。

　また、はさみ跳びにおいては、振り上げ脚を高く上げ、次に抜き脚を上げて、両脚をはさむような動作をするイメージが強い。もちろん、この動作は間違いではないが、助走のスピードを跳躍につなげるのが難しい場合は、バーを意識しすぎると単にマット際で上がって降りるような動作になり、場合によってはマットの手前に落下する危険性も高まる。そこで、抜き脚については横向きに大きく開くような技術[4]の習得をめざすことが有効である。脚を横向きに開こうとすることによって、踏み切り時に抜き脚の力は横方向（マットに向かう方向）に向きやすくなるため、踏み切った後に身体がバーの向こう側に移動しやすくなる。

　さらに、はさみ跳びから背面跳びへの移行にあたって重要になるのが、助走・踏み切り時の身体の後傾と内傾である。まっすぐな姿勢を保ったまま後傾で踏み切りをすることで、身体は大きく跳ね上がりバーの向こう側に向かっていくことになる。ただし、この技術だけでは身体が捻られることはないため、背中からバーを越えることはできない。そこで後傾と同時に、身体を内傾させる技術が必要となる。内傾した分の力も踏み切り時には逆向きに解放されることになるため、後傾と内傾が組み合わされることによって、身体は捻られながらバーの向こう側へと跳ね上がっていく。そして、結果的に、背中からバーを越えていく跳び方になり、背面跳びの形ができあがる。こうした背面跳びにおける後傾・内傾は、日常的にあまり経験がない感覚であるため、例えばマットの前で

大きく円を描いて1周半ほど走ってから踏み切りをすることで身体が内傾しやすくなり、自然に捻られる感覚を習得できる。

　なお、はさみ跳びの場合は、背面跳びのような曲線的な助走をすることが必須ではなく直線的な助走で問題ないため、3歩助走で「イチ・ニ・サーン」とリズムを取りながら踏み切り、その上で助走を2歩または4歩加えて、「イチ・ニ・イチ・ニ・サーン」、「イチ・ニ・サン・シ・イチ・ニ・サーン」のリズムによって5歩助走や7歩助走でスピードと踏み切りのタイミングをコントロールできるようになると良い。

3）振り返り方（まとめ）

　振り返りでは、目標とする記録への到達度を得点化し、その記録の変化の要因を考えさせることが大切である。その際に、脚のみではなく重心が引き上がっているかどうか、バーの向こう側に落ちるための力を使えているかどうかに着目して振り返させることで、技術への理解が深まるとともに、自らの課題を見つけることができる。また、タブレットなどで練習の場面を撮影しておくと、振り返りが容易になる。さらに、個人の得点のみならず、グループの得点の合計や得点の伸びに着目できるような記録カード等を用いることで、チームでの振り返り等も行うことができる。

陸上競技を楽しむために

　陸上競技は、専門に行っている人にとっては大変に面白いものですが、そうでない人にとっては、「走っているだけ」「跳んでいるだけ」「投げているだけ」と、動きの単調さに目が向き、なかなか面白さについては理解がされません。また、「走る」という身体的負荷の高さ故に「ツラいことをなぜ進んでやっているのか理解ができない」という意見も多く聞かれます。もちろん、陸上競技で行われていることは客観的に見ればその通りではあるのですが、陸上競技の魅力は「徹底した合理性の追究」、すなわち目的に照らして、どのようにしたら無駄なく理に適った動きができるかに挑戦することにあります。

　運動の目的に関して言えば、自身の身体を操作することで、どうしたらこの身体を速くゴールまで運ぶことができるのか、に挑戦しているのが走運動種目（短距離走・長距離走・ハードル走）です。跳躍種目（走り幅跳び・三段跳び・走り高跳び・棒高跳び）では、どうしたらこの身体を遠くに、あるいは高く移動させることができるのか、に挑戦しています。そして、どうしたらこの身体を使って物体を遠くに運ぶことができるのか、に挑戦しているのが投てき種目（砲丸投げ・円盤投げ・や

り投げ・ハンマー投げ）です。また、物体を投げるのではなく、持って運ぶ速さに挑戦しているのがリレーや駅伝になります。このように運動の目的を考えてみると、陸上競技でなぜ形（フォーム）が重要であるのかについて少し見方が変わり、学習が楽しみやすくなります。

　もちろん、個人個人の身体、あるいは身体能力はそれぞれに異なりますので、合理的な身体操作の学びなくそうした能力を直接比べ合うような活動を行うと、本来の学習の目的を見失うことにつながります。このことについては本章で度々述べてきましたので、ここでは詳しく述べません。

　このように陸上競技を改めて見つめると、試合の観戦にも少し興味が出てくるのではないでしょうか？　いわゆるトップアスリートが、いかに徹底的に合理性を追究しながら無駄な動きをそぎ落とし、必要な身体能力をトレーニングによって向上させて競技に臨んでいるのか、という背景を踏まえると、単に勝敗をつけている競争（競走）という見方ではなくなるかと思います。徹底して生み出された「合理的な動き」の美しさや、その結果として現れる記録の偉大さを観る、という視点を持つと、これまでの陸上競技との関わり方とは違った関わり方ができるかもしれません。

確認テスト

❖ 基礎問題①
　陸上運動・陸上競技領域では、学習者のどんなところを評価できるようにすることが重要であるか、説明してみましょう。

❖ 基礎問題②
　短距離走やリレーでは、学習者が固定的な能力観を抱いてしまうことがあります。どんな授業だとそうした能力観を抱かせてしまうのでしょうか。また、そうした能力観を抱かせないために教員としてできる工夫はどんなものでしょうか。説明してみましょう。

❖ 基礎問題③
　長距離走と持久走の学習指導要領上の位置づけと目的の違いについて説明してみましょう。

❖ **基礎問題④**

ハードル走の本来の目的である、スタートからゴールまでいかに障害物に邪魔をされずに走り切れたか、という学習の成果を見取るためにはどんな学習過程を構成すると良いでしょうか。説明してみましょう。

❖ **基礎問題⑤**

走り幅跳びで、伸びやかな空間動作ができない学習者がいた際に、例えばどのような手立てで伸びやかな空間動作を教えてあげることができるでしょうか。説明してみましょう。

❖ **基礎問題⑥**

走り高跳びの主要な跳び方である「はさみ跳び」「ベリーロール」「背面跳び」のうち技術的な共通性がある2つの跳び方について、技術が生み出された背景をもとに説明してみましょう。

◆ **応用問題①**

短距離走の授業において、校庭の一部が工事をしていて50mのコースが作れません。あなたならどのように授業を行うか、考えてみましょう。

◆ **応用問題②**

ハードル走の授業において、たまたまその日は砂埃が舞うくらい風が強い日でした。あなたなら、どのように授業を展開するか、考えてみましょう。

第4章 水泳

1 水泳の特性

1. 水泳とは

　水泳領域の特性は、全身の協調性と安全意識を高める点にある。水中は陸上とは異なり、浮力や水の抵抗があるため、手足と呼吸をうまく連動させて効率よく動く技術が求められる。また、水泳は個人競技でありながら、リレーなどの場面ではチームワークが重要となり、仲間との協力や信頼関係を育むことができる。さらに、水難事故を防ぐための知識や対応力を身につけることも求められる。

2. 学習内容の整理

1）知識及び技能

　小学校では水に親しみ、泳ぐための基本動作を習得することが求められる。中学校では泳法や技術の向上、競争の楽しさを学び、高等学校では自己や仲間の課題解決や効率的な泳法の習得が求められる。それぞれの段階で、呼吸と手足の動きを調和させつつ泳ぎ、記録や技術の向上をめざすことが大切である。

2）思考力・判断力・表現力等

　小学校では、水の中で自分に合った課題を見つけて工夫し、その考えを友達に伝える力を育てることが求められる。中学校では、泳法における課題を発見し、合理的な解決方法を工夫しながら伝える力を養う。高等学校では、自己や仲間の課題を計画的に解決し、その考えを他者と共有することで、生涯にわたって運動を続ける力を身につけることが求められる。

3）学びに向かう力・人間性

　小学校では、水遊びや水泳運動を通して、ルールや順番を守り、誰とでも仲よく取り組みつつ、安全への配慮を学ぶ。中学校では、水泳の事故防止の心得を守り、勝敗を認め、ルールやマナーを尊重しながら、自己や仲間の課題に取り組む姿勢を養う。高等学校では、主体的に水泳に取り組み、事故防止に努めつつ、責任を果たしながら他者と協力し、健康と安全を確保する力を育成する。

2 クロール

1. クロールとは

　クロールは、小学校高学年以降に扱われる泳法で、左右交互に手をかき（プル）、ばた足（キック）で進む泳法である。正しい姿勢を保ち、呼吸のタイミングやリズムを整えることが重要であり、特に、抵抗の少ないけ伸びの姿勢を維持しつつ、呼吸と体の左右の回転（ローリング）を連動させることで、効率的な泳ぎが可能となる。

　クロールの基本は、キックで体を水面近くに保ちながら、ローリングによって手を前方に大きく伸ばし、効率よく水をとらえてプルで推進力を得ることにある。さらに、効率的なクロールを身につけるためには、け伸びの姿勢を維持しつつ、手をしっかり前に伸ばして水をかき、リズミカルなキックを行うことが求められる。特に、呼吸時のローリングと動作全体のタイミングをスムーズに行うことが、安定したペースで長く泳いだり、速く泳いだりするための鍵となる。しかし、キックで進もうとしすぎて膝が過度に曲がり、け伸びの姿勢が崩れて抵抗が増してしまう学習者が多い。また、ローリングが不十分で横向きの呼吸がうまくできず、水を飲んでしまうこともも多い。これがクロール習得の障壁となることがある。

2. 授業づくりのポイント

1）動機づけ

　まず、学習者にクロールの効率的な泳ぎ方を理解させるためには、「どうすれば速く泳げるか？」を考えさせるのが有効である。多くの学習者は「プル」や「キック」で推進力を得ることが大切だと考えるが、その前に「け伸び」の姿勢（図2-4-1）を意識することが重要である。速く長く泳ぐためには、まず水の抵抗をいかに減

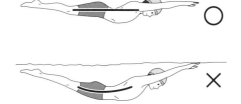

図2-4-1　け伸びの姿勢
出典：日本水泳連盟・日本スイミングクラブ協会編『水泳教師教本　三訂版』　大修館書店　2022年　p.30をもとに作成

らすかが重要であり、「け伸び」の姿勢が習得できると、力みが取れ、結果的に体が浮きやすくなり、上達も早くなる。そのため、授業の導入段階では、最初に伏し浮きやだるま浮きなどを行い、下半身が沈みやすいことを体感させるこ

とが効果的である。続いて、「どうすれば下半身が浮くか？」という発問を通じて、みぞおちに重心を置く感覚が重要であることを説明する。重要なのは、力に頼るのではなく、体の使い方や意識の工夫によって下半身が自然に浮くことを理解させることであり、このような理解がより効率的な泳ぎ方の習得に向けた基礎となる。

2）学び方

クロールの技術習得には、各動作を段階的に指導することが重要である。まずは、け伸びの姿勢を安定させるために、ビート板を用いてキックの練習に集中する。この段階では、膝を過度に曲げないように注意し、つま先で軽く水をたたくリズムを意識させる。キックをリズミカルに行

図2－4－2　ビート板を使ったサイドキック練習
出典：柴田義晴『基礎からマスター水泳』ナツメ社　2009年　p.41をもとに作成

うことで、体全体が水面に浮かびやすくなり、抵抗を減らす感覚を学ばせることができる。

次に、ビート板を使ったサイドキック練習（図2－4－2）を行う。片手でビート板を持ち、体を横向きにしてキックしながら片側呼吸を行う。この練習では、体をしっかりとローリングさせながら呼吸を行う感覚を身につけることが期待できる。特に、耳を肩から離さないように呼吸動作を行うことを指導することで、横向きの呼吸が安定し、体のバランスを崩さずに水中で呼吸できるようになる。

プル動作の練習（図2－4－3）では、歩きながらプルを行い、ローリングと腕の動作に集中させる練習を行う。この練習では、脚の動きに気を取られることなく、手のかきと体の回転がスムーズに連動する感覚をつかむことができる。

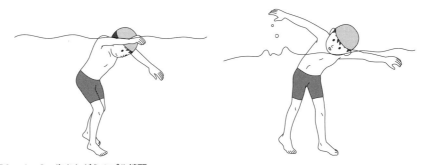

図2－4－3　歩きながらのプル練習
出典：『楽しい体育の授業』編集部編『スキルとネタが全部わかる！水泳指導大百科』明治図書　2023年　p.41をもとに作成

このように、動作の一つひとつを丁寧に確認しながら進めるため、特に初心者にとって有効な練習となる。

最後に、全ての動作を統合し、ゆっくりとしたペースで全体のリズムを意識しながらクロールの練習を行う。重要なのは段階的に技術を習得することであり、そのことによって各動作の精度が高まり、効率的なクロールを身につけることが可能となる。

3）振り返り方（まとめ）

振り返りでは、授業中に測定したストローク数（25m）、タイム、水中動作の映像を見比べながら、水中姿勢、キック、プル、ローリング、呼吸動作が適切に行われ、効率的な泳ぎができているかを確認することが大切である。その際、ペアやグループでディスカッションを行い、他者の泳ぎも観察することで、自分の技術を新たな視点で見直し、具体的な改善点を見つけることが可能となる。

3 平泳ぎ

1. 平泳ぎとは

平泳ぎは、小学校高学年以降に扱われる泳法で、両手を前方に伸ばして水を外側にかいて、体を前方に引き寄せる「プル」と、足を外側に開きながら足の裏で水を後方に押し出す「キック」で推進力を得る泳法である。呼吸とタイミングを合わせながら「プル」と「キック」を行い、効率的に体を前に進めることが求められる。呼吸は、プルのかき終わりに顔を水面に出して行い、キックの勢いで体を前に伸ばす。この伸び（グライド）の姿勢をしっかり維持することが、水の抵抗を減らし、長く泳ぐための基本となる。

平泳ぎは、近代泳法（クロール、平泳ぎ、背泳、バタフライ）の中で唯一、「プル」よりも「キック」で推進力を得る泳法である。そのため、正しい「キック」動作を身につけることが重要である。

平泳ぎにおける典型的な課題として、キックの「引き付け」動作で足首が返らず伸びてしまう「あおり足」があげられる。これは足が上がりすぎることが原因で、正しいフォームを習得するには、かかとをお尻に近づけ、足首を返して蹴り出すことが重要である。また、手足の動作と呼吸の連動が難しく、呼吸動作がうまく行えないケースも見られる。

2. 授業づくりのポイント

1) 動機づけ

「近代泳法の中で最もタイムが遅い泳法は何か」という点について学習者に考えさせることで、各泳法の体の動かし方に興味を持たせることができる。そして、平泳ぎは他の泳法よりも

図2−4−4　グライド姿勢
出典：楽しい体育の授業編集部『楽しい体育の授業』37巻6号　明治図書　2024年　p.49をもとに作成

水の抵抗が大きく、特に「キック」では大腿部、「プル」では上半身に大きな抵抗がかかることを説明し、これがタイムに影響する要因であることを意識させることが大切である。

抵抗を減らし、効率よく泳ぐためには、「グライド姿勢」（図2−4−4）を保つことが重要である。また、「プル」と「キック」のタイミングも泳ぎ全体の効率に大きく関わる。これらの動作がスムーズに連動することで、抵抗を最小限に抑え、推進力を最大限に引き出すことができる。しかし、学習者の多くは、闇雲にピッチ（ストロークの頻度）を上げることに意識がいきやすい。それによって、適切な姿勢に基づく効率的な泳ぎができず、タイムが伸びないため学習意欲が減退することが多い。そのため、抵抗の少ない動作を意識させることで効率のよい動きを引き出し、さらにタイムではなくストローク数を減らすことを競争させることで、学習への意欲を継続することが可能になる。

2) 学び方

平泳ぎを習得するためには、正確さとリズムを意識することが重要である。特に、「キック」に関しては「あおり足」（図2−4−5）にならないよう、正しいフォームを徹底させる必要がある。そのための効果的な方法として、壁に背中をつけて立ち、かかとを壁から離さずにお尻に近づける動作を繰り返す運動がある。足首をしっ

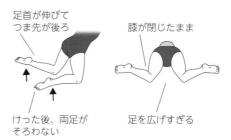

図2−4−5　あおり足
出典：『楽しい体育の授業』編集部編『スキルとネタが全部わかる！水泳指導大百科』　明治図書　2023年　p.35をもとに作成

かり返して引き付ける感覚を身につけさせるための運動であり、膝を過度に引かないように意識させ、膝を引きすぎると大腿部に大きな抵抗がかかってしまうことに注意を促すことがポイントである。

「プル」動作の練習では、グライド姿勢で伸びた後に、閉じていた手を①左右

に広げて水をとらえ、②そのままかいて前に戻すという1、2のリズムを意識させる。このリズムを習得することで、「プル」の動作が滞らずスムーズに行われ、抵抗を抑えながら推進力を効率的に得ることが可能となる。練習方法としては、「1、2」という掛け声に合わせ、まず陸上で、次に水中で歩きながら「プル」の動作を行う。この練習により、自然なリズム感と動作の連動を身につけさせることができる。

最後に、全ての動作を統合し、少ないストローク数で長く泳ぐことを目標に平泳ぎで泳ぐ練習を行う。効率的に泳ぐための技術を高めることが最終的な目的であるため、タイムよりもストローク数に焦点を当て、抵抗の少ない動作を意識させることが重要である。

3) 振り返り方（まとめ）

振り返りでは、学習者のタイムとストローク数の変化の要因を記録させることが有効である。水への抵抗を減らすことの重要性を再確認させることが大切である。また、水中での動作を撮影し、自分の泳ぎを客観的に振り返る方法も有効である。ペアやグループで互いの泳ぎを観察し、優れた点や改善点を話し合うことで、技術のさらなる向上を図ることができる。具体的なフィードバックを通じて、次回の授業に向けた目標を明確にし、効率的な泳ぎをより一層追求させることが可能となる。

4 背泳ぎ

1. 背泳ぎとは

背泳ぎは、近代泳法（クロール、平泳ぎ、背泳ぎ、バタフライ）の中で唯一、仰向けで泳ぐ泳法である。そのため、背泳ぎは、呼吸の確保が容易であるが、ストリームライン姿勢（腕から脚まで一直線に伸ばした姿勢）を維持しにくく、水中でのストロークの軌道を視認することも難しい。

また、背泳ぎは、コースロープなどから自分の位置を確認せざるを得ないことから、位置感覚が掴みづらい。これらの特性は、背泳ぎの遊泳時に接触等の事故を誘発する危険性を有するため、安全管理の視点からも確実に留意しておく必要がある。

2. 授業づくりのポイント

1) 動機づけ

　導入では、背浮きの姿勢をつくる（仰向け状態で浮かぶ）ことに、恐怖心を抱いてしまう学習者が多いため、ビート板などの補助具を胸元に抱えてみたり、ペアによるサポートを得たりしながら段階的な導入を促していくことが大切である。続いて、背泳ぎの泳動作は、クロールで学習した低抵抗姿勢の維持をはじめ、キック動作やストローク動作を仰向けの姿勢で実践する。また背泳ぎが、クロールの体の動かし方を応用する泳ぎ方であることを強調することも挑戦する意欲を喚起することにつながることが期待できる。

2) 学び方

　水の抵抗力を減らしつつ、推進力を生み出すという課題は、背泳ぎにおける合理的な泳動作を習熟する上でも重要なテーマとなる。

　泳動作の習熟は、どの泳法においてもけ伸びの技術を基盤として成り立つ。背泳ぎの場合、導入で背浮きを扱ったり、ペアで仰向け姿勢での牽引を実践したりして、仰向け状態の浮標や浮いて進む感覚を養うことが重要である。また、仰向け姿勢にフラッターキック（ばた足）動作を組み合わせたり、その状態から牽引を外したりすることによって仰向けでの低抵抗姿勢の習熟を促していく。

　図2-4-6では、背面ストリームライン姿勢の習熟を企図した教材の一例として、「牽引背浮き」と「牽引背面ストリームライン」の実践を示した。

　その後、ストロークを確認して推進力の獲得に関する技能の習熟をめざす。背泳ぎのストロークは、①エントリー→②キャッチ→③プル→④プッシュ→⑤

図2-4-6　背面ストリームライン姿勢とキック動作の習熟を企図した教材案

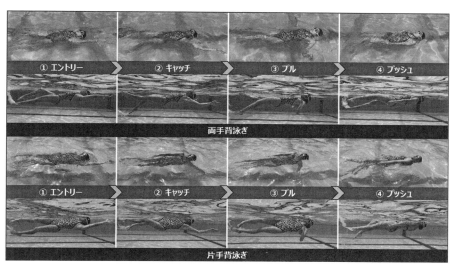

図2−4−7　背泳ぎにおけるストロークの習熟を企図した教材案

リカバリーに分かれている。背泳ぎのストローク動作の習熟に関しては、低抵抗姿勢の維持を前提としつつ、動作過程を意識することが肝要となる。

　図2−4−7では、背泳ぎにおけるストロークの習熟を企図した教材の一例として、「両手背泳ぎ」と「片手背泳ぎ」の実践を示した。

　背泳ぎは、自らの泳動作の確認が難しいからこそ、自分の動きを他者から評価してもらえるようにする工夫や、他者からのフィードバックの回数を増やす仕組みづくりが必要である。例えば、ペア（2人1組）やトリオ（3人1組）で確認し合う実践では、グループで実践者と観察者のように役割を分担しながら自他や手本となる泳動作を見合い、動きの違いや気づきをを話し合うことが有効である。

3）振り返り方（まとめ）

　背泳ぎでは、課題の発見を心掛けようとしても、自らの水中動作や泳動作を確認することは難しい。背泳ぎの場合は、姿勢やキック動作だけではなく、ストロークの水中動作（①エントリー→②キャッチ→③プル→④プッシュ）を泳ぎながら確認することも困難である。

　そこで、他者から得られる自分の教材実践に関する評価やフィードバックが得られるような仕組みに基づいて、学習者同士で合理的な泳法の習熟をめざして成果や課題について確認し合うことが大切である。水泳授業において防水機能を有したICT機器を活用することができるのであれば、自他の取り組みを撮影しながら映像を確認して課題発見とその解決に向けた学習活動を活発化させていくことも可能である。

5 バタフライ

1. バタフライとは

バタフライは、平泳ぎから派生した泳ぎであり、近代泳法の中で最も歴史の浅い泳法である。両腕を同時に動かす手のかき（図2－4－8）と両足を揃えて膝を曲げてキックを打つドルフィンキック*1 を用いて、体を上下にうねらせるようにして泳ぐ泳法である*2。また1回の手のかきの間に2回のキックを打つことが一般的である。

バタフライは、クロールや背泳ぎと比較して、運動の強度が高いため酸素摂取量が多く早く疲労する。そのため、海や湖などの自然環境下で泳ぐことには適した泳法とはいえないだろ

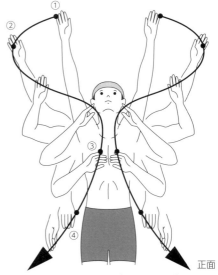

図2－4－8　下から見たバタフライの手のかき
出典：日本水泳連盟・日本スイミングクラブ協会編著
『水泳教師教本三訂版』　大修館書店　2022年
p.38

う。一方で、近年の競泳競技では、スタート後及びターン後に水中でのドルフィンキックが多く用いられている。水中でのドルフィンキックは、水面付近で泳ぐことと比較して水の抵抗が小さく、スタートやターンで獲得した速度の減速を抑え、他泳法で泳ぐよりも高い泳速度を維持することができる。

*1　ドルフィンキック
　その名の通りイルカの尾ヒレの動きに似ているため、そう呼ばれている。

*2　泳者を下から見ると手のかきの軌跡は、鍵穴のような形をしており（図2－5－1）、泳者のレベルや泳ぎ方の違いによって手の軌跡が異なることが知られている。

2. 授業づくりのポイント

1）動機づけ

バタフライは、他の泳法と比較して習得が難しいと感じる学習者が多い。その要因として、バタフライはうねり動作に合わせて手のかきやキックをするため、複雑な動作として見えてしまうと考えられる。そこで、既習のクロールと関連づけると全体像が把握しやすい。クロールの手のかき、キックともに左右同時に動かすことができれば、バタフライと似た動きになるため、バタフライの動きが比較的単純な動作の連続であることが分かる。したがって、クロールである程度の泳力*3 があれば、バタフライを習得することは可能であるのと同時に、クロールで続けて長く泳ぐこともバタフライの習得に一定の効果がある。

*3　小学校学習指導要領解説体育編に示されている「25-50m程度」の泳力が必要であろう。

2）学び方

　バタフライにおいて学習者がつまずく点は、手のかきとキックのタイミングが合わない点である。バタフライは、手とキックのタイミングが重要であり、手のかきとキックのタイミングを理解していないとバタフライを泳ぐことは難しい。このつまずきを解決するためには、陸上で手のかきとキックのタイミングを合わせる練習が有効である。まず立位になり、膝の曲げ伸ばしをキックと見立て、手のかきと合わせてタイミングを覚えるというものである。2点目は、体が浮いてこないことである。体が浮いてこない要因として、手のかきが不十分であり、最後まで手がかけていないことが考えられる。手をかく際には、肘を引きすぎないこと、手を最後まで押し切ることが大切であり、これらの点に注意することで体が水面上に浮き、手を前方へ戻しやすくなる。

　また、バタフライと他の泳法の大きな違いであるうねり動作練習では、5つの段階に分けて行うことが有効である。第1に、イルカ跳び（図2－4－9）が有効である。第2に、気をつけの姿勢でドルフィンキックを行う。キックの蹴り下ろし動作に合わせて顎を引き、体が浮いてくるのに合わせて顎を上げる。これらを繰り返し行い、水面をうねりながら進んでいく。第3にストリームライン姿勢をとり、上記のキックに手の上下動作も加えて水面をうねりながら進んでいく。第4にストリームライン姿勢のキックに手のかきを加えた「1かきバタフライ」を行う。①ストリームライン姿勢でキックを行い水中へ沈む。②浮かび上がりに合わせて手のかきとキックを行い、水面上に体を出し、手を前方へ戻す動作まで行う。③手が前方へ戻り入水するのに合わせて、キックを打つ。④浮いてきたら1度立つ。これらを繰り返し行い、うねり動作を伴った手のかきとキックのタイミングを理解させる。第5に「1かきバタフライ」を繰り返し行う。手の入水と同時に行うのが第1キックとなり、手のかきと同時に行うのが第2キックとなる。頭の動きは、第1キックで顎を引き、第2キックに合わせて顔を前方に向け、手のかき終わりに呼吸をする。以上がバタフライを段階的に指導する方法の1つである。

　こうした泳法習得をめざした指導方法に加えて、泳ぎの効率を高める指導方

図2－4－9　イルカ跳び
出典：金沢翔一「『安全な飛び込み』の指導方法を提案する」『体育科教育』65巻8号　大修館書店　2017年　p.46

法として、ストロークゲーム*4がある。続けて長く泳ぐためには、泳ぎの効率を高め、1かきで進む距離を伸ばすことが大切である。クロールや平泳ぎを習得するための教材として紹介されているが、他の泳法にも適用が可能である。例えば、決められた手のかき数で進めた距離や、25mを何かきで到達できたかを計測することで競争する楽しさを味わいながら、泳ぎの効率を高めることができる。

3）振り返り方（まとめ）

水泳運動では自分の動作を客観的に見ることが難しいため、ICT機器の活用が考えられる。例えば、晴天時には泳ぎの映像を撮影し、雨天時にグループワークで泳ぎの改善点を考えさせることができる。その際、より楽に泳ぐためにはどのようにするべきか、速く泳ぐためにはどのようにするべきか、長く泳ぐためにはどのような練習が必要かなど議論をすると良いだろう。また、動画を撮影し視聴する際には①キックの回数、②ストロークの軌跡、③手足のタイミング、④水面に対する体の位置の4点に着目させると良い。

*4 続けて長く泳ぐためには、泳ぎの効率を高め、ストローク長（1ストロークで進む距離）を伸ばすことが重要になる。同じストローク数で今までより長い距離を進むことができれば、すなわちストローク長が伸びたことを意味する。この視点で考案されたのがストロークゲームである。例えば6ストロール書き終わった時点で進んだ距離を計測し、その距離の伸びでストロークの上達を実感させる方法がある。

水泳を楽しむために

水泳の授業では、水着を着用しなければならないため、他の領域以上に学習者を授業に参加させること自体が難しい場合があります。特に、性に関する悩みや露出への不安を抱える学習者にとって、その心理的負担は大きく、参加をためらうケースも少なくないです。こうした問題に対処するために、近年では「ジェンダーレス水着」の導入が進んでいます。この水着は、従来の性差を強調したデザインとは異なり、性別や体型の違いが目立ちにくい工夫が施されています。たとえば、胸、腰、臀部などの身体のラインを隠す、ゆったりとしたシルエットや、素材・デザインの調整が行われています。さらに、長袖の上着やハーフパンツなど、露出を抑えたタイプが多いため、日焼け防止や肌トラブルを避けたい学習者にも対応しています。

従来の男女別水着に加え、ジェンダーレス水着を選択肢に含めることで、学習者一人ひとりが自身に適した水着を選びやすくなり、心理的負担が軽減され、授業への参加が促されることが期待できます。水泳の授業では、本章で示した各泳法の指導だけでなく、全ての学習者が安心して参加できる環境を整えることも重要な課題の一つであることを理解しておく必要があります。

確認テスト

❖ 基礎問題①
　水泳の特性はどのような点にあるでしょうか。具体的な観点を挙げて説明してください。

❖ 基礎問題②
　クロールが苦手な学習者に対して、技術習得を促すための指導過程を具体的に説明してみましょう。

❖ 基礎問題③
　平泳ぎであおり足が生じる原因と、修正するための効果的な練習方法について説明してみましょう。

❖ 基礎問題④
　背泳ぎで自分の動きが確認できない学習者に対して、教師はどのような指導の工夫をすればよいか、説明してみましょう。

❖ 基礎問題⑤
　バタフライの「うねり動作」を習得するには、どのような練習が効果的か段階的に説明してみましょう。

◇ 応用問題①
　水泳の授業において、たびたび見学・欠席する児童（生徒）がいます。理由を聞いてみると「塩素で肌が荒れるのが嫌で入りたくない」と訴えてきました。クラス全員が楽しく授業に取り組めるよう、あなたならどう対応するか、考えてみましょう。

◇ 応用問題②
　水泳の授業において、たびたび見学・欠席する女子児童（生徒）がいます。理由を聞いてみると「男子の視線が気になり水泳の授業に参加したくない」と訴えてきました。クラス全員が楽しく授業に取り組めるよう、あなたならどう対応するか、考えてみましょう。

COLUMN 体育心理学 4　体育授業における動機づけ

「動機づけ」とは、「…『やる気』や『意欲』を主に含意…」[1]するとされるように、学習者が行動や活動を行う際の原動力を指す。動機づけには、「内発的動機づけ」と「外発的動機づけ」という2つの種類がある。

「内発的動機づけ」は、行動そのものを目的とし、外部からの明確な報酬がない状況で生じる動機づけ[2]とされている。例えば、「いろいろな人と対戦できて楽しいから大会に出る」といった例がこれに該当する。

一方、「外発的動機づけ」は、外部からの影響や報酬によって学習者のやる気を引き出そうとする動機づけ[3]を指す。例えば、「勝ったらお小遣いをもらえるから大会に出る」といった例がこれに該当する。

本書の実践編で紹介されているように、体育授業において「動機づけ」は重要な要素の一つである。では、体育授業ではどのような「動機づけ」の状態にある学習者を増やすべきだろうか。おそらく、「内発的動機づけ」を重視すべきである。その理由として、「…生涯にわたって豊かなスポーツライフを継続するとともに…」[4]と目標が示されているように、自ら進んでスポーツに取り組む姿、すなわち「内発的動機づけ」によるスポーツへの参加が求められていると考えられる。

「内発的動機づけ」を高めるには、「ワクワクするような場の設定」や「挑戦したくなるような適切なレベルの課題設定」など、授業を通して楽しさや面白さを経験する機会を増やすことが必要である。一方で、「いい結果を出したら成績を上げます」といった「外発的動機づけ」を高めるような声掛けを行った場合、学習者は一時的に教員の意図する活動に取り組む可能性がある。しかし、このアプローチにはデメリットもあり、例えば、「成績アップ」という報酬がなくなった際に活動の価値を感じなくなる可能性がある。これを「アンダーマイニング効果」と呼ぶ。

以上を踏まえると、「外発的動機づけ」を高める方法は短期的には効果を発揮する可能性があるものの、「アンダーマイニング効果」の観点から「諸刃の剣」とも言える。そのため、体育授業においては「内発的動機づけ」を高めるための声掛けや場の設定を工夫することが重要と考えられている。

詳細に説明することは紙面の関係上できないが、「内発的動機づけ」が必ずしも善で、「外発的動機づけ」が必ずしも悪というわけではない。たとえば、「外発的動機づけ」によって学習を始めたとしても、やがて学ぶこと自体に楽しさを見出し、「内発的動機づけ」へと移行することもあるかもしれない。学習者の様子をしっかりと観察し、使い分ける必要があるだろう。

第5章 球技

1 球技の特性

1. 球技とは

　球技は、ボールを用いた攻守の切り替えを伴う「攻防」が運動の核となる点に特徴がある。個人やチームの連携が重要であり、状況に応じた判断力や瞬時の意思決定が求められる。また、作戦が重要になるため、戦略的な思考も求められる。さらに、フェアプレイの精神を重視し、仲間との協力や対戦相手へのリスペクトを養うことも求められるため、技術的な成長だけでなく、協調性や公正さといった社会的・倫理的な側面も重要な運動である。

2. 学習内容の整理

1）知識及び技能

　小学校では、基本的なボール操作や、一定の区域内で逃げたり追いかけたりする動きを習得し、徐々に技能を身に付けたうえで簡易化されたゲームを行う。中学校では、球技の特性や技術の名称を理解し、仲間と連携してゲームを展開することをめざす。高等学校では、勝敗を競うだけでなく、自己の課題解決や競技会の仕方を理解し、状況に応じた技能を活用することが求められる。

2）思考力・判断力・表現力等

　小学校では、規則や作戦を工夫し、自己や仲間の考えを伝える力を養う。中学校では、攻防における自己やチームの課題を発見し、合理的な解決に向けた工夫を行い、考えたことを共有することをめざす。高等学校では、生涯にわたる運動の継続を視野に入れ、課題を計画的に解決し、チームや自己の考えを他者に伝える能力を発展させる。

3）学びに向かう力・人間性

　小学校では、運動に進んで取り組み、規則を守りながら誰とでも仲よく運動し、勝敗を受け入れつつ、安全に配慮する姿勢を身につける。中学校では、フェアなプレイを守り、作戦の話し合いに参加し、仲間を助ける姿勢が強調される。高等学校では、球技に主体的に取り組み、合意形成に貢献し、互いに助け合い高め合いながら、健康と安全に配慮する力を深めていく。

ゴール型

1. ゴール型とは

　ゴール型は、ボール操作が難しく、学校外で習っている人とそうでない人の技能差が特に大きい運動である。そのため、苦手な学習者の技能レベルに合わせてドリブルやシュート等の個人のボール操作に関する技能の練習に終始してしまい、メインとなるゲームを行わないことがある。また、ゲームを行ったとしても、苦手な学習者は動きながらボールを受けたり操作したりすることができず、シュートをして得点を決める機会が得られずに学習が終わってしまうことも少なくない。そのため、個人の技能向上を全員が参加可能なルールでのゲーム設定が重要となる。

2. 授業づくりのポイント

1) 動機づけ

　ゴール型では、ボール操作が難しいうえに、その技能を習得してもゲームになると、学習者はうまくボール操作の技能を発揮できないことが多い。そのため、導入では成功体験を増やすような運動を実施することが必要である。ボール操作に関する運動については、ペアでのパスやドリブルで一定の距離を往復するなど、単純な動きを反復する練習となるため、回数やスピードを個人やチームで競争させたりすることで積極的な参加を促すことができる。ただし、競争に意識がいきすぎると個々の動きが雑になる。そのため、学習者の習熟状況に応じて競争を導入する必要がある。また、ゴール型では、ボールを持たない動きも重要であり、相手の動きを見ながら空いているスペースや味方からパスをもらえる位置に動くことが求められる。そのため、単純な鬼ごっこから始めて、しっぽとりや宝運びゲーム等の複数の相手の動きを見ながら動く遊びを順々に採り入れることが有効である。

2) 学び方

　ゴール型では、状況が変化し続ける中でボール操作とボールを持たない動きが求められる。しかし、これらの技能を習得し、それを授業内でゲームを成立させるのは難易度が高いことから、学習者の発達段階や学習内容に応じてゲームのルールや条件を工夫する必要がある。具体的には、プレーヤーの数、コートの広さ、ボールを保持している場合は相手がボールを奪えない等のルールの

工夫が大切である。ただし、あまりに難易度が低すぎると、得点を奪うための作戦や学習者間のコミュニケーションが不要になり、攻防が見られなくなってしまうことには注意が必要である。

攻撃時に数的優位な状況を意図的につくるアウトナンバーゲーム*1は有効である。バスケットボールで言えば本来の5対5の数的同数でゲームをすると、常に攻撃する人には相手が一人いる状態になるため、フリーの状態でボールをドリブルで運んだり、空いているスペースで受けたりすることが難しくなる。そこで、特定の学習者を攻撃側の味方をするスペシャリストとして導入することで、どちらのチームも攻撃時には数的優位な状態になる。さらに、人数を少なくするほうがより学習者の動き方が明確になるため（人数が多いと複雑になる）、学習者の習熟状況に応じて、3－3（＋1）や4－4（＋1）のような人数を少なくして実施することも大切である。また、バスケットボールやハンドボールのような手でボールを扱える種目においてアウトナンバーゲームを用いる場合は、守備側を1人減らすことで課題の難易度は適当であると考えられるが、サッカーやタグラグビー*2のようなボール操作が難しい場合には、守備側を2～3人減らすことも有効である。

最後に、単元全体と関わって、ゴール型の各種目の特性を生かして、種目を組み合わせることも有効である。例えば、空間を把握し、よりゴールに近いところで十分な時間的・空間的な余裕を作る技術を習得するためには、バスケットボールやハンドボールなどの手でボール操作できる種目を実施したうえで、ボール操作の難しいサッカーやタグラグビーの教材に応用していくことができる。こうした複数の種目を元にした教材を組み合わせることによって、ゴール型の各種目の知識及び技能がそれぞれ独立して学習者に習得されるのではなく、ゴール型としての共通点を見出し、他種目の技能に応用していくことが可能となる。

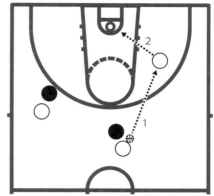

図2－5－1　バスケットボールにおける3対2ハーフコートのアウトナンバーゲーム例

*1　アウトナンバーゲーム
攻撃側の人数を守備側の人数よりも多くしたゲームのことを指す。攻撃側の人数を増やすことによって、空間的・時間的に余裕のあるプレーヤーを生み出すことを目的としている。そのため、シュート技能の習熟度が高くない学習者であっても、多くのシュート機会を得ることができる。例えば、バスケットボールの授業でいえば、初めから5対5のフルコートゲームを行うのではなく、3対2ハーフコートゲームを行うことで、シュート技能の習熟を高めることが期待される（図2－5－1）。

*2　タグラグビー
ラグビーのランニングとパスという種目特性を保持しつつ、タックルという危険性を排除した安全なボールゲームを指す。ルールとしては、プレーヤーは腰に2本のタグ（左右1本ずつ）を付けて、コート内で4対4あるいは5対5でプレーをする。

3）振り返り方（まとめ）

ゲームの展開が早くて流動的（動き方が定式化されていない）なゴール型では、教員がゲームの中で個々の学習者に対して良い動きに関するフィードバックを行うことは難しい。そのため、授業の振り返りが非常に重要になる。その

際、ゲームを撮影した映像を活用しながら、ボール操作とボールを持たない動きの2つの技能を映像で再度確認しながら振り返りを行うことが有効である。

　また、ゲームの様子を待機しているチームが撮影し、その映像を分析する活動やホワイトボードを活用してより動きや課題を検討する活動が有効である。ボール操作の課題ばかりに意識がいきがちだが、ボールをもっていない人の動きも意識して検討させることで、より具体的な課題を見つけることができる。また、グループ内でお互いにフィードバックをすることや、そのためのワークシートを活用することも有効である。ボール操作の具体的なコツやボールを持たないときの動きのタイミングなど、より細かく振り返りを行うことで技能の習熟につながることが考えられる。

❸ ネット型

1. ネット型とは

　ネット型は、ネットで区切られたコートの中で攻防を組み立て、空いている空間をめぐる攻防を楽しむ運動である。ネット型には、バレーボールのように自陣において複数回のボール操作の機会が認められているものと、バドミントンや卓球など自陣において一回のボール操作しか認められていないものがある。特に前者のネット型の授業では、得意な学習者が触球の機会を独占していたり、ボール操作に自信がないため同じチームのメンバーに迷惑をかけたくないという想いから、ボールに積極的に触れようとせず、コートの片隅で試合が終わるのを待っている学習者が見られることもめずらしくない。また、ボール操作の難しさから、パスをつなぐことを目的とした授業に終始し、相手の空いている空間にアタックをしたり、それを回避するために予測して空いている空間に移動したりする等の攻防を経験できない学習者も少なくない。

2. 授業づくりのポイント

1）動機づけ

　ネット型では、ボール操作が難しいため、オーバーハンドパスやアンダーハンドパスなどの基本動作を習得する必要がある。しかし、このような基礎的な動きの習得につながる活動は、単調になりがちなため、工夫が必要である。そこで、チームでパスをつなぐ回数やスピードを競い合うことや、特定の課題（例えば、オーバーハンドパスとアンダーハンドパスを交互にする等）を設定する等

によって、学習者は基本動作の練習に積極的に取り組むことができる。その際、使用するボールをソフトバレーボールや風船といった操作しやすいものを使うことで、手の痛み等のボールに触れる恐怖心や失敗に対する不安を回避することも大切である。

2）学び方

　ネット型では、ルールや用具を工夫して、「空いている空間をめぐる攻防」を実現することが重要である。そのためには、ルールを簡易化して、アタックを打つ場面をたくさん生み出すことが必要である。サーブのボール、もしくはレシーブしたボールをキャッチしてよいとするキャッチバレー、アタックされたボールはワンバウンドまでさせてよいとするワンバンバレー等はアタックを打つ場面を増やすために有効なルールである。その際、1チーム3人にして、必ず全員が1回ボールに触れるというルールを設定することで、ボールに触れない学習者をなくすことができる。

　ゲームにおいてアタックを打つことができるようになったら、作戦ボードを活用して、動き方についての学習を行う。ペアやグループでお互いの動きを見合って助言する活動をすることで、学習の促進が期待できる。さらに、作戦ボードを用いることで、技能差に関係なく、学習者がお互いの動きを容易にイメージすることができ、話し合いへの参画を促進することができる。

　また、ネット型では、全員の触球数を確保するために1チームの人数を減らすと、ゲームに参加しない学習者が増えることになる。そのため、ゲームに参加しない場面でも、審判、応援、ICTを用いた動画撮影等の役割を与えることも重要である。

3）振り返り方（まとめ）

　振り返りでは、授業の成果や学習内容の確認、さらには次回の授業に向けた課題を考える時間にする必要がある。その際、単に教員が説明するだけでなく、学習者に発表をさせたり、実際に試技をしてもらい成果を確認したりすることが必要である。

　ただし、学習者が成果や学習内容を十分に理解できていない場合がある。そのため、授業中から振り返りに必要な観点を意識させる必要がある。例えば、バドミントンを行う際に「高い打点から相手コートに返球すること」という目標に対して、「横から見ておへそが見える（半身）」や「ラケットを持っていない方の腕が上がっている」といった具体的なポイントを説明して、言語化させながら運動に取り組ませる必要がある。

④ ベースボール型

1. ベースボール型とは

　ベースボール型は、「攻守を規則的に交代し合い、一定の回数内で得点を競い合うゲーム」である。具体的な種目としては、「野球」や「ソフトボール」などがあげられる。ゴール型とネット型とは異なり、攻守が分離されているため、子どもたちにとっては課題を認識しやすい運動である。ベースボール型における攻防の面白さは、打者がバットで投手のボールを打ち返すことや投手と打者や走者と守備者のかけひき等にある。

　中学校段階では基本的なバット操作と走塁での攻撃、ボール操作と定位置での守備などによる攻防を身に付けていくこと、高等学校段階では安定したバット操作と走塁での攻撃、ボール操作と連携した守備などによって攻防することを身に付けていくことが求められる。また、他の球技領域と同様にボールを持たないときの動きの習得も求められており、走塁では「タッチアップ」、守備では「中継プレイ」、「ベースカバー」、「バックアップ」、「ダブルプレイ」など、より高度な技能を習得することで、試合を行ううえでも作戦のバリエーションも増え、全員が参加しながら楽しむことができる領域である。

　一方で、ベースボール型の授業を行ううえで、ルールが複雑、課題のレベルが高い、本質的な面白さを保証しにくい、プレイに直接関与する機会が少ない、運動量が少ないなどの課題がある。用具操作についても、バットやボールの操作が求められるが、他の領域と類似する動きが少ないため、基礎的な技能の習得に時間がかかってしまう点も、ベースボール型の課題である。

2. 授業づくりのポイント

1）動機づけ

　ベースボール型の授業を進めていくうえで、まずは、学習者の野球やソフトボールについての興味・関心やルールの理解度を確認することが重要である。現在では、特に野球については日本のプロ野球だけでなく、アメリカのメジャーリーグやオリンピックなどで世界的に活躍している選手が毎日のようにテレビやインターネット等のニュースに取り上げられている。そこで、学習者が知っている野球選手の名前を聞きながら、具体的にどんなところに魅力があるのかを、共有することで興味・関心を高めることが期待できる。また、実際の試合や練習の映像を観せることも有効である。その際、カウントの数え方や打った

あとの進塁の方法などのゲームを成立させるための基本的なルールについて確認しながら映像を観せることも大切である。

　また、ある程度ルールが理解できるようになった段階で、ベースボール型本来の楽しさや魅力について伝えていくことも大切である。攻撃側は、一つでも多くの塁に進むためにどこをねらって打つのが良いか、守備側は進塁させないためにベースカバーや中継などの連携を活用しながらどのように走者より早くボールを塁に運ぶか、などについて具体的な場面を伝えながら考えさせることで、ベースボール型のゲームの魅力を理解することが期待できる。このような認知的な理解と並行して、ベースボール型で求められる「打つ」、「投げる」、「捕る」、「走る」といった技能の練習を行うことで、個々の技能の練習がゲームにおいてどのように活きるかを考えながら積極的に取り組むことを促進することができる。

2）学び方

　ベースボール型では、特に「バット操作」と「ボール操作」を習得することが重要である。

　バット操作については、バットの握り方と振り方を習得しても、動くボールをバットに当てることが困難な学習者も多い。そのため、まずはバッティングのティースタンドにボールを置き、止まっているボールを打つ練習や、テニスのラケットなど広い面がある用具を活用してボールを打つ感覚を身につけるステップが必要となる。タブレットを活用しながら、自分の動きを撮影して確認して改善するという活動も効果的である。グループでお互いの動作を撮影しながら、できたこと／できなかったことについてアドバイスし合う活動も有効である。

　「ボール操作」については、近い距離のキャッチボールから始めて少しずつ距離を離していったり、ゴロやフライといった守備を想定したボールを投げ合うことも大切である。また、守備側に必要となる技能として、進塁させないために守備者同士が協力しながらボールを運ぶ連携プレイがある。実際のコート上で走者がいる時にはどこにボールを運ばなければならないのか、走者がいない場合に外野にボールが飛んだ時に進塁させないためにはどの位置の守備者がベースカバーや中継プレイに移動しなければならないのかなど、より実践的な状況を想定した形式の練習を行うことが必要となる。

3）振り返り方（まとめ）

　振り返りでは、ICTを活用して、自分自身や他者の動作について課題やその解決策を考えて、その課題を克服するために必要な練習内容を考える活動が有

効である。また、ゲーム形式の練習を行った際には、ヒットになったときの打ち方やアウトにできたときの捕球や送球の仕方について、振り返ることも大切である。その際も、もし次に同様の状況が生まれた場合に、どのように対処するべきか、といった実践的な状況を考えさせることで、より意欲的に取り組む姿勢につながることが期待できる。

球技を楽しむために

球技は特に個人の技能差が学習への参加の障害となることが多く、学年段階があがるとその差が特に顕著になっていきます。それゆえに、単にチームわけをしてゲームをするだけの授業か、技能差に配慮しすぎて個人技能の反復練習だけの授業になりがちです。そのため、個々の種目の正式なルールを変更したり、様々な制限を加えることで、技能差を緩和して全員の参加を可能にする工夫が求められます。

このような考え方を理解させるために、例えば、スポーツにおける平等・公平・公正について、上記のイラストを元に考えさせることも考えられます。イラストを見ながら、スポーツ（特に球技）における平等、公平、公正とはどんな状態か、そのためにどのような工夫ができるか、そして全ての参加者が楽しめることの意義について考え、仲間と話し合ってみてもよいでしょう。

また、球技の多くでは、学習者がそれぞれのポジションに応じて特定の役割を担います。例えば、サッカーであればフォワード、ミッドフィルダー、ディフェンダー、及びゴールキーパーといったポジションがあり、それぞれが異なる責任と技術を必要とします。ポジション決めは、体育授業を行う上で、「児童（生徒）が揉めたりするから大変だ」と思われがちかもしれません。しかし、実はポジション決めは、一人ひとりが、自己と他者との差異を大切にし、協力することを意味する「共生」を学習する絶好の機会なのです。

さて、ポジション決めに「共生」の視点を導入するには、どのような声かけ、仕掛けが必要でしょうか。みんなで話し合ってみましょう。

確認テスト

❖ 基礎問題①
　小学校から高等学校までの球技の技能はどのように変化しているでしょうか。説明してみましょう。

❖ 基礎問題②
　サッカーなどでボールを持たない動きを指導する際に、アウトナンバーゲームが有効であると考えられますが、アウトナンバーゲームとはどのようなゲームでしょうか。説明してみましょう。

❖ 基礎問題③
　バレーボールなどで全員がボールに触球する機会を保障するためには、どのような工夫が必要でしょうか。説明してみましょう。

❖ 基礎問題④
　野球・ソフトボールなどのベースボール型の競技への興味・関心を高めるためには、どのような問いかけが有効でしょうか。説明してみましょう。

◇ 応用問題①
　ゴール型の授業において、バスケットボールを行う際に、クラスを5つのグループに分けました。しかし、各グループの人数を同数にしようとすると1グループだけあまりの人が出てしまいます。人数が違っても楽しく授業を行うためにはどのように工夫するか、考えてみましょう。

◇ 応用問題②
　ネット型の授業において、キャッチバレーボールを行うときに、技能水準の高い一部の児童（生徒）から「このルールだとつまらない、オフィシャルルールがいい」という意見が出ました。クラス全員が楽しく授業に取り組めるようにするために、あなたならどう対応するか、考えてみましょう。

COLUMN 5 体育経営管理学　日本の豊かなスポーツ資源

　運動やスポーツにおいては「する」、「見る」、「支える」、「知る」といった多様な関わり方が重視されている。毎日のように取り上げられるスポーツニュースでも、「する」スポーツの立場となるトップアスリートの競技結果や映像だけでなく、「見る」「支える」スポーツの視点としてスポーツイベントに訪れた観客やボランティア、プロスポーツ選手や日本代表選手の活躍による経済効果、さらにはスポーツに関わりながらSDGsへの貢献に関するニュースなど多岐に渡って取り上げられており、日本におけるスポーツの価値が高まっている。

　そのような中、トップアスリートの活躍だけに注目が集まっているだけでなく、地域の資源を活用してスポーツツーリズムやスポーツ合宿の誘致などを通じて地域経済の活性化につなげる取り組みが増え、大きな経済効果を生み出している。

　第3期スポーツ基本計画 (p.141参照) の中でも「スポーツによる地方創生、まちづくり」が掲げられており、担い手となる「地域スポーツコミッション」の設立を支援するなど、国を揚げてスポーツを活用したまちづくりに取り組んでいる。

　その中でも代表的な例となるのが北海道でのスポーツ合宿による成功例である。豊かな自然環境と冷涼な気候を生かし、観光だけでなくスポーツ合宿の誘致が盛んに行われ、実際に多くの人が夏の間に北海道に訪れている。

　現在では暑さの影響で全国のほとんどの地域で夏場に屋外で行うスポーツの実施を制限しなければならない状況が続いている。しかし、夏の間でも1日の平均気温が20度に満たない地域も存在している北海道では野球、サッカー、ラグビー、陸上競技などの屋外スポーツを中心として、日本代表合宿や国内トップチーム、大学生など様々な団体が暑さを避け、北海道での合宿が行われている。数名程度のチームから数十名単位のチームまで様々であるが、合宿地までの移動や合宿期間中の移動に必要となる交通機関、滞在に必要となる宿泊施設、食事に必要となる飲食店や食材を提供している卸売や小売店、自治体や民間が運営しているスポーツ施設など、多くの人的、物的、財務等の資源が必要となる。

　また、トップチームが合宿を行うことで、地域の子どもたちとのスポーツ教室などによる交流や、トップ選手への応援に訪れるファンや観光客など多くの人の動きが生まれ、更なる経済効果につながっている。このように人的資源・物的資源・財務資源など、スポーツサービスに必要となる資源を地域の実情に合わせて活用することができれば地域の活性化につなげることができ、人材育成・施設等の環境づくりなど好循環を生み出すことが可能となる。

　このようにスポーツ経営の観点からも現在行われている政策やその実態に目を向けるだけで興味が湧きやすく、楽しみながら学べる教材が無数に存在しており、広い視野でスポーツを考えるきっかけとなってほしい。

第6章 武道

1 武道の特性

1. 武道とは

　武道は、武士道などのわが国の伝統的な価値観の下で体系化された武技・武術などの総称である。具体的には柔道、剣道、相撲、空手道、合気道、少林寺拳法、なぎなた、銃剣道などが挙げられる。このうち、学習指導要領では中学校において柔道、剣道、相撲のうち1種目を、高等学校では柔道または剣道から1種目を取り扱うように求められている[*1]。

　武道領域の特性は、相手との攻防を通じて技を磨き、伝統的な行動様式や礼法を重んじる点にある。礼による相手への尊重が基本であり、道着や道具の使用も武道の独自性を強調する重要な要素である。技の習得に伴い、怪我の危険性もあるため、健康や安全に十分配慮しながら慎重に取り組むことが求められる。また、武道を通じて自己や仲間の課題を発見し、合理的・計画的に解決を図る力を養うことも極めて重要である。武道は技術だけでなく、人間性の向上もめざす領域である。

[*1] その他の武道の取り扱いについては、学校や地域の実態に応じて履修させることも認められているが、原則として柔道、剣道、相撲に加えて履修するというものであり、代替させる場合は特別の事情が必要とされる。

2. 学習指導要領の整理

1）知識及び技能

　中学校では、技の名称や基本動作を理解し、簡易な攻防を展開することが求められる。武道の特性や伝統的な考え方を学び、技の精度を高め、勝敗を競う楽しさを味わう。高等学校では、得意技を生かした攻防や試合を通じて、自己や仲間の課題解決に取り組むことが強調され、多様な楽しさと伝統の理解を深めていくことが求められる。

2）思考力・判断力・表現力等

　中学校では、攻防における自己の課題を発見し、合理的な解決に向けて工夫しながら取り組む力を養う。また、自己の考えを他者に伝える力も求められる。3年次には、仲間の課題も含めて解決策を工夫する力が加わる。高等学校では、生涯にわたる運動の継続を視野に入れ、自己や仲間の課題に対して計画的な解決を図ることが重視される。

3）学びに向かう力・人間性

　中学校では、武道に積極的かつ自主的に取り組み、相手を尊重しながら伝統的な行動を守ることが強調される。高校では、礼法などの伝統を大切にし、役割を積極的に引き受け、責任を果たす姿勢が強調される。中学高校共通で、健康と安全を確保することが重要視されている。

❷ 柔道

1. 柔道とは

　柔道は中学校及び高等学校で扱われる領域であり、相手を投げたり抑えたりしながら攻防する運動である。講道館柔道の創始者である嘉納治五郎師範は、柔道の本質は単に技を修得することにとどまらず、人格の完成をめざすものであると示した。そのため技術的な強さのみならず、礼法や相手を尊重する姿勢、そして社会的な意義も重視される種目である。

　一方で、柔道では対人での攻防を行うため、負傷事故の発生が多い。そのため、安全面への配慮については特に留意することが求められる。しかし、安全面への配慮から学校における授業では、柔道の実践的な攻防を体験する機会が少なくなり、受け身や礼法の指導だけで単元が終わってしまうことも少なくない。単調な授業によって、学習者が柔道に抱く期待や興味を引き出すことが難しく、意欲や関心が下がってしまうことも懸念される。そのため、安全性と楽しさのバランスを考慮しつつも、柔道の本来の楽しさや特性を学習者が理解できるようになるための工夫が必要である。

2. 授業づくりのポイント

1）動機づけ

　柔道の本質である「柔能く剛を制す」について理解させることが大切である。例えば、「どうやったら自分より大きな相手を投げることができるか」という問いについて考えさせることで、自分の体から発揮される力で相手を制圧するだけでなく、体格差がありながらも相手の体の動きや心理を読み取り、その力を巧みに利用することで、より大きな力を発揮して相手を制することが理解できる。そして、このような本質について考えることで、柔道の楽しさが単なる力比べにあるわけではなく、戦略的な駆け引き等にあることを理解し、授業への積極的な参加を促すことが期待できる。

2)学び方

　安全性と楽しさを両立させるためには、柔道の基本動作をゲーム形式で学ぶことが効果的である。例えば、「頭タッチゲーム」がある（図2－6－1）。このゲームは、一人が仰向けになり、もう一人が立った姿勢で相手の頭を

図2－6－1　頭タッチゲーム

タッチしようとするもので、仰向けの学習者は頭をタッチされないように素早く動き回る。このような運動は、相手との駆け引きを楽しみながら、安全に抑え技の基本動作に自然と親しむことにつながる。また、二人組で向かい合った状態から、互いの間合いを一定に保ちながら片方の動きに合わせてもう片方が同じ動作を用いる「ミラーゲーム」がある（図2－6－2）。このゲームは、変化する相手の動きを予測しながら自分の重心の位置やバランス感覚を保ち、反応力や判断力の向上が期待でき、体さばきやすり足、歩み足、継ぎ足など、投げ技の基本動作の習得につながる。

　受け身の練習についても、実際に投げられた際に用いることができるように、一人で反復して行う練習は最小限に留め、二人組で練習を行うことが望ましい。その際、お互いに組み合った状態で取の進退動作や体さばきに合わせて受（うけ）が適切な受け身を取るなど、相手の動きに合わせながら安全に受け身を取る練習を行うことが大切である。ただし、受け身は恐怖心を伴うため、まずは受ける側が片膝立ちをするなどの低い姿勢から行い、徐々に高い姿勢へと段階的に行うことで、実際の投げ技に対応した受け身の習得に近づけていくことが求められる。また、取（とり）の役割も重要であり、受の引手を掴んだまま保持し、頭を地面に打ちつけないように注意を払う必要がある。技の学習順序についても、技をかけてから相手が体を倒すまでのスピードをコントロールしやすいように、膝車などの支え技系から大腰や体落（たいおとし）*2などのまわし技系や大外刈などの刈り技系へといった順にするなどの工夫が必要である。特に刈り技は受を後方に投げる

*2　右組みの場合、体落は受を右前すみに崩し、取が背中を向けるように回り込み、右足を受の右足の外側に踏み出し、両腕の引き出しと両ひざの伸展により前方に投げる技である。

図2－6－2　ミラーゲーム

技であるため、受け身の失敗による頭部外傷のリスクが伴うことから、学習者の受け身の習熟度を考慮して指導することが求められる。

　このような受け身の段階的な練習は、投げ技の学習においても有効な手立てとなる。受は相手の動きに合わせて自然に姿勢が崩れる様子を再現できるようになり、取も相手の姿勢が不安定になる瞬間を見極めやすくなる。つまり、柔道の技が受と取の双方の合理的な動きによって成立しているという柔道の技術的な要点の理解を促すことができる。また、受と取が協力して練習を行うことで、互いに配慮し合う姿勢や柔道の精神を学ぶことができる。これにより、学習者は安全性を確保しつつ、柔道の技術を実践的に習得することが期待できる。

3）振り返り方（まとめ）

　振り返りでは、ICTを活用して学習者同士が練習や試合の映像を見ながらディスカッションを行うことが有効である。その際、「この時、相手は何を考えていたか」、「自分はなぜその動きを選んだのか」、「他にどのような動きの選択肢があったか」といった動作の意図や考え方について話し合うことが大切である。

　さらに、このような振り返りにおける他者とのコミュニケーションは、単なる技術の理解にとどまらず、他者の視点を理解することに努めるという点で柔道における相手との協力や敬意を深める場にもなる。相手の考えや戦略を知ることで、対戦相手を尊重する姿勢や、協力して技術を高め合う柔道の理念を実感できると同時に、自分自身の課題にも気づくことができ、次回の授業に向けた課題を明確にすることにつながる。そして、授業の最後には「礼に始まり礼に終わる」という武道の精神も忘れずに大事にしたい。そうした指導により、学習者は技術だけでなく、柔道の根幹にある礼節を実践しながら学びを深めていくことができる。

3 剣道

1. 剣道とは

　剣道は竹刀を構えて相手と対峙するため、相手と一定の距離がある中で攻防するという動きの特性がある。そのため、互いの動きに応じて複雑に変化する相手との間合いを考慮して、適切な身体動作と技を用いることが求められる。また、剣道では、技の効果が認められる条件として「気剣体の一致」[*3]がある点が特徴的である。この考え方は、武道における自己を律する心構えや克己心に通じており、打突の瞬間のみならず打突後に油断を見せない姿勢も剣道では

[*3] 気剣体の一致
　攻防における攻め手側の心構えや技能、体勢を理念化した標語である。具体的に「気」は充実した気勢を示す声を、「剣」は竹刀の打突部で打突部位を刃筋正しく打突することを、「体」は状況に応じた適切な体さばきや足さばきをもって打突後まで含めて安定した姿勢を保つことを指す。

重要である。つまり、有効打突の規定自体が、剣道の伝統的な考え方を示すものであり、それが自分自身を律する精神性につながっているということである。しかし、剣道の授業は、防具を装着しているとはいえ、竹刀で相手に直接攻撃を加えるということに対する恐怖心から苦手意識を抱いている学習者が少なくない。また、竹刀や防具の重量感によって初心者には扱いになれるまでに時間がかかるなど、剣道特有の用具に対する学習者の困惑も想定される。剣道に備わる武道の魅力を十分に学習者へ伝えるためにも、授業ではこれらの課題に対する工夫が求められる。

2. 授業づくりのポイント

1）動機づけ

　学習者に対して、剣道の特性を理解させることが大切である。例えば、スポーツチャンバラと剣道の共通点・相違点について（表2−6−1）、試合の映像視聴を通して考えさせる活動が効果的である。これにより、剣道の特徴や学習内容を学習者が理解しやすくなる*4。

　さらに、剣道に対して恐怖心を抱いている状態で技の基本練習や試合形式の練習を進めても、学習者の意欲が高まることはなく、必要な身体動作についての理解も得られる可能性が低い。また個人が習得した基本的な攻撃の技を、試合形式の練習で活用することができず、攻防の楽しさを味わうことができないことも多い。そのため、まずは学習者が安心して授業に臨めるための工夫が必要となる。例えば、新聞紙や発砲スチロールなどの柔らかい素材で簡易的な竹刀を作成し、ペアの一人が新聞紙を広げて持ち、もう一人が簡易的な竹刀で破る運動が導入として考えられる。この運動によって、竹刀による打撃に対する恐怖心を回避しながら、竹刀で相手に対して力強く打撃を与える心地よさを感じさせることができる。さらにその後、本物の竹刀の使用へと移行することで、重量感や操作性といった点での簡易的な竹刀と本物の竹刀の違いを感じ取らせることができ、ひいては剣道の学習に対する興味関心を引き出すことにつなげられる。

*4　両者の用具や試合形式を比べると、刀剣を模した用具で一対一の形式で競い合うという共通点は見出されるが、体に当たったかどうかが技の判定基準になるスポーツチャンバラと「気剣体の一致」という理念に基づく判定がなされる剣道では、似通った形式を持ちながらも異なる種目であるといえる。このように両者の比較をする際は、特に試合時の映像を見比べることでより明確に読み取れると考えられる。

表2−6−1　スポーツチャンバラと剣道の違い

比較項目	スポーツチャンバラ	剣道
対戦形式	一対一 ※多人数が一斉に戦う形式もあり	一対一
使用する武器	短刀や長剣など刀を模したもの ※棒・杖や槍も使用可	竹刀
打突の対象となる身体部位	全身（頭部〜足まで）	面、胴、小手
技の有効判定	武器の規定部分が 相手の体に先に当たること	「気剣体の一致」が認められる打突

2）学び方

　「気剣体の一致」という理念に基づく正しい身体動作（竹刀さばきや進退動作など）の習得には、技の基本動作や進退動作などは単独での練習時間を設けることも必要ではあるが、単調な反復練習は学習者の興味関心を低減させるおそれがある。そのため、複数人のグループで、お互いの動きを観察および評価できる状態で進めていくことで、学習者の技能面の向上も期待できる。

　ただし、はじめて剣道に取り組む学習者にとっては、竹刀操作や進退動作など剣道特有の身体動作を評価することが難しい。そのため、ICT機器やチェック表を活用する等の補助が必要である。一方で、グループでの活動は学習者が比較的自由に動くことができるため、怪我のリスクが高まる。そのためグループでの活動ではルールを設定し、共有を図ってから実施することを忘れてはいけない。

3）振り返り方（まとめ）

　授業の振り返り方でも、学習者同士の相互評価が効果的である。教員からの評価だけでは、外部から与えられる正解をただ待つだけになってしまい、特に武道領域の「思考力・判断力・表現力等」の目標で求められる自分自身や仲間の課題を発見することや発見した課題について考えたことを他者へ発信することが達成できない。「学びに向かう力や人間性等」の目標に掲げるような自主的に武道に取り組む学習者を育むことも難しくなる。そのため、何が正解であるかを自ら考えさせ、振り返らせることが望ましい。加えて剣道特有の動作を経験した際には、自分自身の心境にどのような影響があったのかを考えさせることも重要である。技の攻防の最中では、攻防を楽しむための肯定的な感情ばかりではなく、一本を取られるかもしれないという不安や恐怖などの不安定な感情も生じる。このような感情に対して自分がどのように向き合ったのかを振り返り、剣道特有の動作との関わりを考えさせることで、剣道の授業を通じて武道の伝統的な考えに思考を巡らせることができる。

4 相撲

1. 相撲とは

　相撲は、素手で相手と直接組み合って、相手を押す、体を寄せる、投げるといった技を用いながら勝敗を競い合う運動である。また、他の武道の種目と比べて、相手との間合いが近いため、身体接触の中で相手の重心位置や姿勢の変化などを触覚的に把握しやすいため、相手の状態を察知しやすく、相撲経験の

ない学習者であっても直感的に攻防を楽しむことができる種目である。土俵の外に出るか足の裏以外が地面につくことで勝敗が決するため勝敗に関するルールがわかりやすいのも特徴である。

相撲特有の動作には運び足や蹲踞、腰割りなどがあり、いずれも重心を低く保ったまま動く動作である（図2－6－3）。日常生活の中では行わないこれらを行うことで、筋持久力やバランス感覚等の向上が期待できる。また、仕切りからの立ち合いは相手の動きに合わせて両者がタイミングを揃えて行う必要があるため、敏捷性や瞬発力も求められる運動でもある。

さらに、塵手水や四股などの相撲特有の所作は、勝負に対して正々堂々と臨む気持ちの表明や邪気を払うといった儀礼的意味も込められている（図2－6－4）。このように、相撲の基本的な動作からは、全身的な身体機能の向上とともに、公正を尊ぶことや相手への敬意を示す心構えといった武道における伝統的な考え方を学ぶことも期待できる。

一方で、相手との間合いが近いため、身体接触に対する抵抗感が高いことで消極的になる学習者が多い点には配慮が必要である。基本的に低い姿勢の状態での攻防が中心となるため、中腰の構えを維持することによる体力的な消耗が大きく、それによって、ラグビーのスクラムのように自分の頭を相手の体に潜り込ませたり、逆に上体が上ずった姿勢になり顎が上がってしまうことで、頚

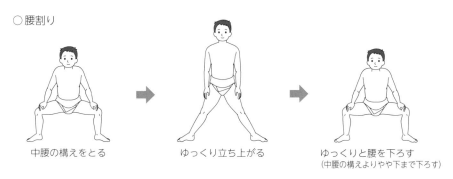

図2－6－3　蹲踞と腰割り

図2-6-4　塵手水と四股

椎や頭部に重大な怪我が生じるリスクもある。そのため、学習者の学習意欲を損ねることのないように、基本動作を楽しく学べるようにしつつ、安全に配慮した指導が特に求められる。

2. 授業づくりのポイント

1）動機づけ

まずは学習者が持つ相撲に対するイメージの共有を図ることが大切である。その際、相撲経験がある学習者は少ないため、大相撲の映像、特に体格差が大きいのに体格が小さい力士が勝った取り組みの映像を見せて、体の使い方次第で自分より大きい相手とも攻防ができることを理解させることが大切である。また、手押し相撲や手引き相撲のような力の大きさではなく、力を入れるタイミングが勝負のカギとなる簡易的なゲームを導入として行うことも有効である。

力任せに行うのではなく、相手が不安定な姿勢になる条件を考えながら行うことで、相撲で求められる「低い姿勢での攻防」という基本的な考え方の重要性に気づかせることにもつながり、その後の技能習得を中心とした学習に意欲的に取り組むことにつながる。

2）学び方

　相撲では技の攻防において押しや寄り、投げ技などの技術を用いるが、まずは比較的安全な押しの技術を中心に授業を展開することが望ましい。押しの技術を中心とすることで、中腰の構えやすり足などの相撲の基本的な動作を安全に習得できる。具体的な練習方法としては、二人組の片方が中腰の構えのまま足を前後に開き、もう片方が相手を押して前に進む方法が一般的である。その際、はじめは距離を取らずに相手と接触した状況から行い、徐々に相手から離れた状態から行うようにする。これにより、立ち合いの難しさに困惑することなく、学習者は手の位置や姿勢など押しに必要な身体動作を考えながら学ぶことができる。この形式の練習に慣れた後に、寄りや吊り、投げ技なども段階的に指導することで、相撲の攻防に必要な技術を身につけることができる。相撲の基本的な動作は単独での反復練習でも習得可能ではあるが、実戦場面への応用や学習意欲を高めるという観点から、複数人での学習を進めることが望ましい。例えば、複数人で列をなして中腰の構えを維持しながら前の人に続いて進む「ムカデ歩き」などを行い、中腰の構えと相手の動きに合わせて動くことを習得させることができる。その際、グループ同士で競争をすることで、より積極的な取り組みを促進することも期待できる。

　また、安全面への配慮として、禁止事項を事前に伝えることや受け身の練習も技の攻防を学習する以前から取り入れる必要がある。例えば、中学生の場合は「反り技」、「河津掛け」、「さば折り」、「かんぬき」など、危険な態勢になりかねない技を用いないように徹底して指導する必要がある。また、立ち合いなしの四つ組み相撲など簡易的な試合の中では、投げ技やひねり技など相手を左右に振る技を学習者が意図せず用いてしまう可能性もある。受け身の習得ができていない段階では体を左右に安全に倒すことが難しく、思わぬ事故につながる危険性が高い。そのため、簡易的な試合の際も相手を直線的に動かすだけに留めるなど、動きに制限を設けることも必要である。受け身の練習についても、単に反復練習するだけでなく、蹲踞の状態で2人組が向き合い、タオルなどを両手に持ち引き合って相手を転がす「引き合い相撲」など、ゲーム形式を取り入れることで、意欲的に学習に取り組む態度を育むことが可能となる。

3）振り返り方（まとめ）

　活動の中での姿勢や動き方の特徴を振り返り、相撲では単純な力比べではなく体の使い方が重要である点の理解を促すことが重要である。特に、姿勢が不安定になる条件として、膝が伸びている、顎が上がっているなどの特徴的な体の状態を発見できることが望ましい。その際、ICT機器を使用して、練習の様子を撮影して、振り返りの際に映像を活用することも効果的である。組み合っている際の力の方向や相手の動きを確認させながら、適切な身体動作を理解できるようにすることが大切である。

　また、塵手水などの相撲特有の所作も学習者同士で確認させることが必要である。相手を尊重するための独自の作法や所作を守ることは、戦いの場において自分を律する克己心を理解する手立てになることを理解させたい。

武道を楽しむために

　武道は、日本発祥であるため、他の運動種目にはない特有の規範（礼法、所作、ルール等）が重んじられています。例えば、相手を尊重する態度を重視し、そのための方法が礼法として定式化されています。柔道や剣道の場合、相手に向かって頭を下げる所作が用いられますが、この「頭を下げる」＝「相手を尊重する態度を示す」という行為と意味の関係性は、普遍的なものではありません。サッカーやテニスなどでは、試合の前に相手と握手をしたり、試合の後にハグをするなどが一般的です。このように、相手を尊重する態度を示す所作は様々なものがあり、相手との間合いや用いる体の部位の違いとなって表出されます。こうした違いを見ると、そこに文化的な背景や価値観の影響も見出すことができます。「頭を下げる」という所作では、体を折り屈めて相手に差し出すことで、自己を相手に捧げて相手と向き合う態度が表現されており、相手を尊重することを意味する行為となります。握手やハグという所作が対等な立場から相手に対する敬意を示していると考えれば、「頭を下げる」という礼法に日本の文化的な価値観の影響を見出せるでしょう。このように、自分の立場を一段下げることで相手の立場を高めるという構図が見て取れます。この他の所作や振る舞いの中にも、日本の文化的な影響が残っているかもしれません。実際の武道の試合の映像を視聴しながら、他のスポーツ種目では見られない武道特有の規範を探してみましょう。その際、試合の場面だけでなく、前後の挨拶や振る舞い等にも注目してみてください。

　また、武道特有の規範という点では、技の中に日本的な価値観を見出すことができます。例えば、武道における基本動作である進退動作や姿勢、体さばきなどは、自分の体勢を安定させながら動くための技術でもあります。ここには「柔能く

剛を制す」という武道における用語との関連性を見出すことができます。「柔能く剛を制す」には「柔（じゅう、やわら）」という概念が含まれます。「柔」は力の衝突を避けて効率的に力を運用する様を示す語ですが、言い換えれば様々な状況の中で適切に対応することと捉えられます。自分の姿勢が崩れていては、状況に応じて適切に対処することは難しいため、武道における基本動作では、安定した姿勢の保持が前提にあり、そのための技術が様々に検討され今日までに伝えられています。このように、武道における攻防のための技術の中にも、武道特有の規範の影響を見出すことができます。剣道における「残心」も、その最たる例でしょう。体育の授業として武道を取り扱う際、とにかく形式を守ることが伝統的な考え方を学ぶことであると捉えてしまいがちですが、基本動作や攻防における技術を、武道特有の規範との関連づけながら考えると武道の特徴や面白さをより深く理解することができます。

確認テスト

❖ 基礎問題①
学習指導要領における武道領域の「思考力、判断力、表現力等」に関する目標を参照したとき、中学校と高等学校ではどのような違いがあるか、説明してみましょう。

❖ 基礎問題②
柔道において、受け身を2人組で練習することは、投げ技の学習にどのような影響を与えると考えられますか？　理由も含めて説明してみましょう。

❖ 基礎問題③
剣道の学習を振り返る際に、武道における伝統的な考え方とどのように関連づけることができますか？　具体的な学習場面を一つ取り上げて説明してみましょう。

❖ 基礎問題④
相撲特有の動きには、どのような儀礼的意味が込められているでしょうか？具体的な所作を例にあげて説明してみましょう。

◆ **応用問題①**
　武道の授業において、授業前後の時間に生徒がふざけて技をかけあったりすることが、怪我につながることがあります。このような怪我を防ぐためには、どのような環境整備が必要か、考えてみましょう。

◆ **応用問題②**
　武道の授業において、非常に寒い日に体育館（武道場）で行わなければならなくなりました。あなたならどのような工夫をして授業を展開するか、考えてみましょう。

第 **7** 章 ダンス

1 ダンスの特性

1. ダンスとは

　ダンス領域の特性は、音楽やリズムに合わせて体全体を使って感情やイメージを表現する点にある。他の運動領域と異なり、心身を解放した自己表現や創造性、イメージやリズムの世界へ没入することが重視される。また、感情等の個人の内面を、体の動きで即興的に表現する自由さも特徴の1つである。集団での表現によって他者との一体感や共感を育む場面も多く、他領域とは異なる感性やコミュニケーションが求められる領域である。

2. 学習指導要領の整理

1）知識及び技能

　小学校では、表現リズム遊びや表現運動を通じて、リズムに乗って踊る楽しさを味わいながら、表現したり、交流したりする力を身につける。中学校では、それらに加え、ダンスの特性や由来を学びながら、感じを込めた踊りや、イメージを捉えた表現で交流し、体力向上を図る。高等学校では、ダンスの文化的背景や課題解決の方法を理解し、自己や仲間との課題解決を通じて多様な表現を身につけ、発表や交流を行う。

2）思考力・判断力・表現力等

　小学校では、身近な題材やリズム、踊りの特徴を捉えて表現及び交流の方法を工夫することとともに、考えたことを他者に伝えることが求められる。中学校では、表現に関する自己や他者の課題を見つけ、合理的な解決に向けた運動や表現の取り組みを工夫する力を身につける。高等学校では、生涯にわたる運動の継続を見据え、課題を発見したり、計画的な解決に向けて取り組んだりする力を養いながら、考えを他者に伝える力を高める。

3）学びに向かう力・人間性

　小学校では、表現リズム遊びや表現運動に進んで取り組み、仲間と互いの良さを認め合いながら、安全に配慮して踊る力を養う。中学校では、仲間の学習を援助しながらダンスに積極的・自主的に取り組み、個人の役割を大切にしつ

つ、話し合いに参加しようとする姿勢を身につける。高等学校では、ダンスに主体的に取り組み、共感し合いながら互いを高め、合意形成に貢献する力を育てることが求められる。

2 創作ダンス

1. 創作ダンスとは

　表現運動系の領域は、自己の心身を解き放し、イメージやリズムの成果に没入してなりきって踊ることを楽しみ、互いの良さを生かして仲間と交流しながら踊ることの楽しさや喜びを味わうことができる領域である。なかでも「創作ダンス」は、表したいテーマやイメージに関する想像力をふくらませ、様々な工夫を凝らして表現することが求められる運動である。ダンスというと、決められたステップや、一糸乱れぬ隊形の維持をイメージする人も少なくないが、「創作ダンス」では、表したいテーマやイメージをどんな動きで表現するかという点に力点が置かれるため、まずは心身を解放し、"なりきる"ということが重要である。

　一方で、このような表現の多様性は、「何をすればいいか分からない」という問題と表裏である。また、表現することに対する恥ずかしさやテーマが抽象的であることが原因で、学習が遅滞する学習者も多い。そのため、授業の雰囲気づくり（音楽の使用や教員の振る舞い方）、テーマあるいはイメージの言語化や共有、創作活動の際の一定の枠組み（大きなテーマの指示等）の提供といった支援が重要になる。また、表現の仕方のレパートリーを増やすところから始め、それらを組み合わせ創作活動や交流をするという段階的な授業づくりも重要である。

2. 授業づくりのポイント

1）動機づけ

　創作ダンスでは、テーマやイメージの設定と共有が重要になる。そのため、まずは、どの学習者も想像がしやすい身近な題材（モノ、ヒト、コト）をテーマに設定することが大切である。学校や家庭での日常的な体験や、他教科の学習内容、時事的な出来事等をテーマに採り上げることでイメージの共有が共通になるため、学習への抵抗感を下げることができる。

　例えば、テーマ設定の手続きについて、「スポーツ」を題材にした場合、まず、学習者に対して、「スポーツ」という語から連想されるフレーズや言葉を引き出

すことから始める。《バスケットボール》、《走る》、《汗》、《競争》、《水泳》、《オリンピック》、《楽しい》…など、多様な言葉が出てくることが予測できる。そして、それらの言葉からイメージできる動きをできるだけ多く挙げて、多様な表現を考えるための手がかりを得る。このような活動を通して、「スポーツっていろいろな表現ができそうだな」という多様な表現に対する肯定的な気持ちを醸成する。さらに、単元の最後には、グループごとの創作ダンスを発表する場を設けることだけでなく、様々な表現をクラスで1つの作品に集約し、行事等で披露することも有用である。

また、見ることへの関心や力を高めるためには、2024年のパリオリンピックにも採用され、近年盛り上がりを見せるブレイキンのようなダンス競技の映像を見ることも効果的である。

2) 学び方

創作ダンスでは、グループで活動することが多く、人数が多ければ「空間のくずし」や「人間関係のくずし」によって表現の多様性も高まるが、一方で、創作活動において自分の意見を伝えることや、活動に参加することに抵抗を感じやすくなるというリスクも高まる。反対に、人数が少ない場合、グループに対する個人の貢献度は高まりやすいと考えられるが、メンバーで揃えるような振り付けを考えたり、多様なアイディアを出し合ったりすることは難しい。そのため、性別や得意不得意に関係なく、5名程度で編成したグループで活動するのが効果的であろう。

次に、グループが決定したら、表現するテーマを決定する。その際、例えば「野球」なら、「どんな人物」が、「どんな動き」をしているのかを思い出させるために、タブレット等で実際の試合の映像等を確認することで、表現のイメージがより豊かになることが期待できる。そして、この例でいえば、「バッターが打席に入る」、「ピッチャーがボールを投げる」、「審判がピッチャーの方を見つめている」などの行動をイメージする段階から、「絶対に打ってやるぞ」というバッターが打席に入るときの気持ちの高ぶりや、「打たれたくないな」というピッチャーの不安な気持ちなど、選手の内面を想像する段階へと発展的にイメージさせていくことで、より多様なイメージが生まれ、細かな動きの表現ができるようになる。

また、グループでの学習過程においては、それぞれのグループで途中経過を撮影し、自分たちの出来栄えの確認の時間を設けることも大切である。個人の表現を撮影し確認するだけでなく、空間の使い方や、個と群の変化など、グループとしての表現についても着目させることで、表現方法を様々に工夫するよう

になることが期待できる。

　グループでの作品が完成したら、発表会の時間を設ける。単元後半にイベントとして実施するだけでなく、作品を撮影した各自が見直せるようにすることで、各作品の表現の工夫などについて振り返ることも可能となる。また、このような発表会の映像は、保護者会等で授業の様子を伝える際にも活用できる。

図2-7-1　グループでテーマについての表現を考えている大学での授業の様子

3) 振り返り方（まとめ）

　振り返りでは、学習者がお互いの表現を評価し合う活動を取り入れることが大切である。自分たちのグループの作品だけでなく、他のグループの作品を見て評価することで、自らの表現の課題や、新しい動きの発見などが期待できる。その際には、身体の使い方やテーマと動きの関連性などの観点を元に評価できるよう、表2-7-1に示すようなチェックリストを活用することが有効である。

表2-7-1　パフォーマンス評価のためのチェックリスト

ア	身体全体を使える
イ	頭も、身体が動くのにともなって動く
ウ	視線がしっかり決まっている
エ	身体の中心部から動いている
オ	動くに高い低いの変化がある
カ	身体をねじる動きがある
キ	身体の面（前向き後ろ向き、下向き上向きなど）を変える動きがある
ク	空間（フロアー）の移動が大きい
ケ	空間（フロアー）の使い方を工夫している
コ	速い動き、ゆっくりした動き、ストップ、スローなど動きの速さに変化がある
サ	動きに強い動きや弱い動きやアクセントがある
シ	動きや形、動きの速さに変化を持たせてくりかえす
ス	動きのつなぎ方がスムーズで、なめらかである
セ	気持ちもとぎれずに、動きつづけることができる
ソ	テーマによく合っているオリジナルな動きを作り、なりきって踊ることができる

出典：宮本乙女「創作ダンス授業における学習者によるパフォーマンス評価の研究」『お茶の水女子大学附属中学校紀要』第34巻　pp.65-86　2005年

3 フォークダンス

1. フォークダンスとは

　フォークダンスは、自己の心身を解き放し、イメージやリズムの世界に没入することを楽しむダンスのなかでも、特に、仲間と踊りながら交流することに楽しさを感じることができる運動である。

　盆踊り等に用いられる日本の民謡にも、様々な民族に伝わる海外のフォークダンスにも、基本のリズムやステップ、身体の動きがあるが、独特の動き、踊る際の隊形、パートナーの有無、曲調などの特徴は、国や地域によって様々である。そのため、それぞれの踊りに特徴的な動きや複雑なステップの習得に難しさを感じやすいという点に留意が必要である。動きの易しいものから、難しいものに段階的に学ばせることが重要である。また、それぞれの踊りに特徴的な隊形で、仲間と動きやステップを合わせたり、スムーズなパートナーチェンジができたりすることによって、一体感を感じられることも、フォークダンスの魅力である。日本の民謡にも、外国のフォークダンスにも、祭典的な要素のある踊りも多いため、そのような踊りは自己の心身の解放やリズムの世界への没入への経験となる。

　また、踊りを通して各地域の文化的な背景にも触れることが重要である。そのため種類に関わらず、伝承されてきた地域について知る機会を設けたうえで、歌や曲の特徴を捉え、特有のステップや振り付け、小道具の使い方、隊形、用語等を理解・習得できるようにする。その際、タブレット端末等を使用した動画視聴による学習は有効である。さらに、仲間と交流して、お互いの良さや表現を指摘し合う活動も取り入れる。

2. 授業づくりのポイント

1）動機づけ

　動画の視聴等を通して、踊りの動きを確認したり、その踊りが伝承されてきた地域についての理解を促したりすることが重要である。

　ここでは、日本の民謡である「春駒（岐阜）」を扱った例を紹介する（図2－7－2）。

　はじめに、動画の視聴を通して、踊りの特徴を考えさせることが重要である。その際、どのような隊形で踊っているか、性別による踊りの違いはあるかなど、踊り手たちの様子に着目させる。例に挙げた「春駒」が踊られる郡上踊りは、円

心向きの輪踊りであり、性別による踊りの違いはなく、また、パートナーとの踊りもないという特徴を持っている。また、踊り手の多くが男女関係なく浴衣を着用し、下駄を鳴らしながら踊っていること、手に特別な小道具は持っていないことなどの様子も確認できる。

次に、そのような特徴をもつ踊りはどのような文化の下で継承されているのかを考えさせる。「春駒」は、岐阜県郡上市八幡町に400年以上前から伝わるとされる郡上踊りの曲目の1つである。郡上踊りは、例年7月から9月にかけて延べ約30夜踊られる盆踊りで、中でも8月13日から16日の盆には徹夜踊りと呼ばれる、日本国内でも珍しい踊りが行われる。曲目は全部で10種あり、中でも「春駒」は、馬に鞭打って走る勇ましい姿が、威勢のよい踊りとなったものであり、活気あふれた踊りは"郡上マンボ"とも呼ばれている[1]。

図2-7-2 郡上おどりの様子

このような、取り扱う踊りが伝承されてきた地域についての理解を深めながら、踊りへの興味関心を高めることで、学習参加への積極的な姿勢が促すことが期待される。

2)学び方

基本的な動きやステップに関しては、教員が主導となって演示をしたり、タブレット等を使用してグループごとに学習したりしながら、習得していくという方法が有効である。実際、郡上踊りでは、「踊り手」と「観客」が完全に分断されていることはなく、老若男女問わず誰でも輪の中に入り、見よう見まねで踊りを楽しむ様子が非常に多くみられる。どのような形態であっても、分かりやすいお手本があることが大切であり、さらに、口伴奏のような動きに合わせた説明があると学習者の理解をより促すことができることに気づかせることが重要である。

日本の民謡においても、海外のフォークダンスにおいても、ひと続きの流れを繰り返すことが多い。そのため、ひと続きの流れを複数のパートに分割し、

順番に習得できるようにする工夫も重要である。上述した「春駒」であれば、8呼間×2に分割すると覚えやすい。

　基本的な踊りを習得した後は、みんなで隊形を組み、動きやステップを合わせながら楽しく踊る活動を取り入れる。小道具や衣装を用意することができれば、その踊りが継承されている地域の文化や祭典性をより味わうことができ、理解が一層深まる。

　なお、授業において日本の民謡を扱う場合、その近隣地域に伝承されている踊りを題材とするのであれば、その踊りの保存会や普及団体に出張講義を依頼することも非常に有意義である*1。

*1　筆者が勤務する大学では、郡上踊り保存会に来学して頂き、学内に組んで頂いたやぐらの周りで郡上踊りを体験するイベントが行われている。日本人学生も外国からの留学生も、一緒になって楽しむ様子がみられる。

3）振り返り方（まとめ）

　フォークダンスでは、それぞれの踊りの曲に合わせて特徴的な動きやステップ、隊形、組み方で、仲間と楽しく踊りながら交流することと、他の文化に触れることが求められる。そのため前者については楽しいと感じた理由や条件を、後者については特徴的な動きの文化的背景を考えさせることが大切である。

　さらに、他の教科等の学習と接続させて、横断的な学びの視点から学習した内容を整理していくことも有効である。例えば、その踊りが伝承されてきた国や地域、文化についての事項を振り返る際に、社会科や総合的な学習の時間の学びにつなげることが考えられる。また、日本の民謡でも、海外のフォークダンスでも、機能性やデザイン性、土地ごとの文化的背景の違いなどが表れているそれらの衣装に着目し、外国語の学習や家庭科と関連づけることも工夫として考えられる。

4　現代的なリズムのダンス

1. 現代的なリズムのダンスとは

　近年は、SNSの普及により、流行のダンスを真似したり、音楽に合わせた動きで表現したりすることに慣れている学習者も少なくない。ロックやヒップホップのリズムは、学習者にも馴染みのあるリズムであろう。

　現代的なリズムのダンスは、全身でリズムに乗ることで躍動感を感じられることが魅力である。また、他の表現運動系の運動と比べ、て既存の音楽のリズムに自分の身体の内的リズムを融合させていく面白さがある[2]。

　しかし、人前で踊ることの恥ずかしさやを感じる学習者や、リズムに乗れずに動きがぎこちなくなってしまったりする学習者も少なくない。そのため、ク

ラスの雰囲気づくりや人間関係に配慮しながら授業を展開することが重要であるが、逆に、ダンスの授業を上手に活用することで、それらのポジティブな変化にもつながる。

2. 授業づくりのポイント

1）動機づけ

踊る際の恥ずかしさを低減するために、教員が率先して楽しんでいる様子を見せたり、ジェスチャーゲームのようなゲーム形式の活動から始めたりして、少しずつ心身を解放できるようにする手立てが重要である。

また、学習者に馴染みがあり、リズムに乗りやすい音楽を選曲することも重要である。流行の曲や、誰もが知っているアニメの主題歌などを採り上げることで、意欲的な取り組みにつながると考えられる。場合によっては、学習者とともに選曲をしたり、グループごとに選曲したりすることも可能である。教科横断的な学びとして、音楽科で扱った曲を用いることも効果的であろう。

また授業の導入として、音楽をかけながら、個人やペアでストレッチを行ったり、簡単な動きでリズムを取ったりするウォーミングアップを取り入れる。身体だけでなく、心もほぐれるような雰囲気をつくることが重要である。

2）学び方

現代的なリズムのダンスで使用する音楽の種類としては、ロックやサンバ、ヒップホップが代表的であるが、動機づけで述べたように、使用する音楽は学習者に馴染みのあるものが望ましい。リズムに合わせて、体幹部を中心にしながら弾むように踊ったり、スキップやジャンプ等の動作を取り入れたり、さらに、それらの動きに変化をつけたりしながら自由に表現する機会を設ける。その後は、ペアになって動きを合わせたり、ずらしたりしながら工夫して踊る活動や、少人数のグループで動きを合わせたり、対応させたりしながら踊ったり、ダンスバトルのような形式でお互いを見合いながら踊ったりすると、表現の多様性が高まることが期待できる。

また、リズムに乗ることそのものにつまずきがある場合や、動きがぎこちなくなってしまう場合には、他の仲間と手をつないで踊ったり、輪になって踊ったり、あるいは、教員や仲間の鏡の位置に立って踊ったりという工夫によって、スムーズな動きを身につけられると期待できる。そのほかにも、例えば、「タターン、タターン、タターン」等と口伴奏をしながら一緒に動作をすることも効果的である。

学習が深まってきたら、グループで音楽を選曲し、オリジナルダンスを作る活動も効果的である。動きやスピードにアクセントや強弱を入れることや、身体の動きに変化をつけること、隊形移動を工夫すること等を意識しながら踊るよう促していく。発達段階等を考慮し、可能であれば、衣装や小道具、照明などの構成に関してもグループで工夫できるようにすると、1つのステージをつくり上げるという発展的な学習となり、学習者のより多様な表現を引き出すことができる。

3）振り返り方（まとめ）

　完成したダンスを踊る様子は動画で撮影しておく。そして、それに対し、手足の動きや体幹部の動きなどにメリハリがあるか、連続して踊れているか、変化をきちんと表せているか等を自分たちで評価する活動を取り入れることが重要である。その際には、前節の創作ダンスでも取り上げたように、学習者同士がお互いにパフォーマンスを評価できるチェックリストを活用することも有効である。

　グループでのオリジナルダンスを作成する活動を取り入れる場合には、豊かな表現ができたかを評価するだけでなく、メンバーそれぞれがグループでの活動に参加できたか、仲間と協力して活動できたかという点を振り返ることも重要である。

　また、教科横断的な学びとして発展させるまとめ方も可能である。例えば、ロックやヒップホップ、サンバ等のリズムを持った曲を楽器で演奏し、踊っている中で感じた拍の強弱やリズムの変化を楽器での豊かな表現につなげるという音楽科での試みや、扱ったリズムを持った音楽のルーツに着目する社会科や総合的な学習の学びも可能である。

ダンスを楽しむために

　ダンスの授業について学生に尋ねてみると、「恥ずかしい」や「どうすれば良いかわからない」、「リズム感がないから苦手」などといった回答を聞くことがよくあります。体全体を使ったリズミカルな動きや、自分なりのイメージの表現が求められ、なおかつそれを、パフォーマンスとして他者に見せる／見られるためでしょう。しかし、最近では、音楽に合わせた短い尺の振り付けをSNSにアップするということを日常的に行う人が非常に多くなりました。これは、日本のみならず世界共通の流れと言えるでしょう。そう考えると、ダンスは言葉や文化を超える身体活動とも考えられそうですね。

他方で、自分では踊らないという人も、テレビ番組で歌とダンスを組み合わせたアーティストの作品を見たことはあるでしょう。そして、彼らに憧れを抱いたり、感動をしたりした経験も、少なからずあるのではないでしょうか。自分では踊れなくても、ダンスの種類に好みがあるのは非常に興味深い点です。ですので、まずは、様々なダンスの映像を見て、どんなダンスのどんな点が好きなのかについて仲間と意見交換し、自分自身の嗜好の特徴を探ってみましょう。同じダンスを見ても、感じ方は異なる可能性が高く、その違いが実際にダンスの授業を進めていく中での個々の表現の違いにもなりますし、また、「みる」ことの面白さ・視点の多様さ・にも、そこから気づけるはずです。

　みなさんが小学生、中学生、高校生を相手にダンスの授業をする場合は、ぜひ学習者と一緒に身体を動かすことから始めましょう。その時、ダンスの上手・下手は関係ありません。何かになりきって身体を動かしてみる、音楽やリズムに合わせて様々な動作をしてみる、心を解放し思い切って動いてみる。最初はためらうかもしれませんが、先生が笑顔で取り組むことは、ダンスの授業において非常に大切なポイントです。そして、一度、クラスに温かい雰囲気がつくられれば、授業はぐんぐんと勢いよく進んでいくはずです。

確認テスト

❖ 基礎問題①
　ダンス領域は大きく3つのタイプによって構成されていますが、その3つとは何でしょうか？　また、ダンス領域が他の領域と異なるのはどのような点か、説明してみましょう。

❖ 基礎問題②
　表したいテーマやイメージを、工夫を凝らして表現することが求められる「創作ダンス」の授業づくりにおいて、授業の準備段階及び導入においてどのような工夫が必要でしょうか？　説明してみましょう。

❖ 基礎問題③
　日本の民謡や海外のフォークダンスを踊りながら、仲間との交流の楽しさを感じられる「フォークダンス」では、他の2つのダンスのタイプと異なりどのような工夫が大切でしょうか？　説明してみましょう。

❖ 基礎問題④

ロックやヒップホップのリズムに合わせ、全身での躍動感を感じられる「現代的なリズムのダンス」では、学習者の積極的な参加のためにどんな工夫が大切でしょうか？　説明してみましょう。

◆ 応用問題①

ダンスの授業において、恥ずかしがって積極的に参加しない児童（生徒）がいます。その児童（生徒）が男性の場合（女性の場合）、あなたはどのように対処するか、考えてみましょう。

◆ 応用問題②

ダンスの授業において、男女ペアで活動することに抵抗を感じている児童（生徒）がいます。あなたなら、性別に関わらず一緒に活動することの意義をどのように説明するか、考えてみましょう。

COLUMN 一般体育 6　教養体育を通した「健康の保持・増進」

　大学における教養科目としての保健体育の授業（以下、教養体育）は、1956（昭和31）年に制定された大学設置基準において「保健体育科目は講義及び実技4単位を必修とする」と定められたことで必修とされてきた。その後、1991（平成3）年の大学設置基準の改正において教養体育は必修ではなくなったが、それでも90%以上の大学に設置されており、必修とする大学もしくは学部・学科は70%を占めている[1]。このような教養体育に期待されている教育効果の一つが「健康の保持・増進」である。大学生は、一人暮らしやアルバイト等によって生活環境・習慣の変化が大きく、不規則な生活リズムになりやすい。また、飲酒や喫煙等が許される年齢を迎えるため、健康の保持・増進への意識の醸成は必要不可欠である。しかし、大学生の健康に対する意識は低く、習慣的に運動を行う大学生は多くないのが現状である[2]。

　そこで、教養体育を受講する大学生には、単に決められた種目を受動的に行うのではなく、次の2点を心掛けて取り組むことを推奨している。1点目は、客観的・具体的な数値目標の設定である。運動を継続的に実施するうえで、数値目標を設定することは運動への動機づけを高めるうえで重要である。ただし、漠然とした数値目標では、運動への意欲は高まらない。その際手がかりになるのが、文部科学省が実施している「新体力テスト」である。まずは、教養体育で実施する種目で得られそうな運動能力もしくは自分が最も自信のない運動能力等の数値目標を設定して授業に臨むことで、より目的意識をもって主体的に授業に取り組むことができる。2点目が仲間づくりである。運動を継続的に実施するうえで、運動の楽しさは必要不可欠な条件である。ただし、運動の楽しさは、単に運動の内容や運動量だけではない。むしろ、普段から運動をしない学生にとっては、たとえ授業においてランダムに選ばれたとしても一緒に運動をする仲間との関係は運動への取り組み方に影響する。そのため、集団種目で同じチームやペアになった受講生と積極的にコミュニケーションをとり、次回も一緒に運動したいという想いをもてるような関係を築くことを心掛けることが大切である。

　大学生の多くは、自分の健康問題はまだまだ先のことだと考えている（筆者も大学生の頃はそうだった…）。しかし、健康は日々の積み重ねであり、高齢になった時に若い頃の習慣を後悔しても遅い。教員の休職者の増加が社会問題となっている中で、特に教員をめざす大学生には、「健康の保持・増進」につながる運動習慣を身につけて大学を卒業してほしいと強く願っている。

第8章 体育理論

1 体育理論の特性

1. 体育理論とは

　生涯にわたって豊かなスポーツライフを築くためには、単に体を動かすだけでなく、運動やスポーツを多様な視点から理解したり、自分なりの関わり方を見出したりすることが求められる。そのため、運動・スポーツについて「する」だけでなく、「見る」「知る」「支える」等の多様な側面から理解することを中心とする体育理論の学習の重要性は高い。しかし、他の運動領域と比べて、体育理論は軽視されがちであり、他の運動領域と関連させながら計画的に実施することが求められている。

2. 学習内容の整理

1）知識

　中学校及び高等学校における学習内容は、「文化としてのスポーツ」「運動やスポーツの効果や学習方法」そして「運動・スポーツとの関わり方・計画」の3つに大別できる。文化としてのスポーツにおいては、運動やスポーツの必要性や歴史的な背景、多様な関わり方について理解することが求められる。運動やスポーツの効果や学習方法においては、運動やスポーツの心身への影響やスポーツ技術の習得の方法、さらには健康で安全にスポーツを行うための方法等について理解することが求められる。運動・スポーツとの関わり方・計画においては、現代生活におけるスポーツの意義やスポーツライフを実現する環境づくりについて理解することが求められる。中学校から高等学校にかけての6年間で、運動やスポーツに関する知識を系統的に学んでいくことで、より深い学びにつなげることが重要である。

2）思考力・判断力・表現力等

　中学校では、運動やスポーツの多様性や意義を理解したうえで、自己の課題を発見し、解決に向けて思考し判断する力を養うことが求められる。また、文化としてのスポーツの役割についても学び、他者に伝える力を身につける。高等学校では、スポーツの文化的特性や現代スポーツの発展、効果的な学習方法に関する課題を解決するため、より深く思考し判断する力を培い、豊かなスポー

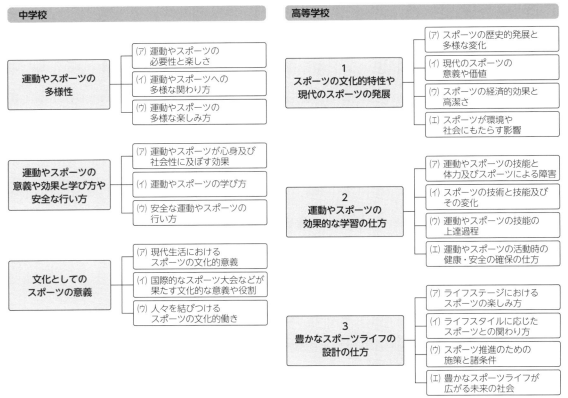

図2−8−1　学習指導要領における体育理論の体系
出典：文部科学省「中学校学習指導要領（平成29年告示）」解説［保健体育編］、「高等学校学習指導要領（平成29年告示）」解説［保健体育編］より筆者作成

ツライフの設計に向けて取り組むことが求められる。

3）学びに向かう力・人間性

　中学校では、運動やスポーツの多様性や意義に関する学習に積極的に取り組む姿勢が求められる。また、文化としてのスポーツの意義についても自主的に学習することが強調される。高等学校では、スポーツの文化的特性や現代のスポーツの発展に関する学習に加え、運動やスポーツの効果的な学習方法や豊かなスポーツライフの設計に関する学習に、主体的に取り組む力を養うことが重要である。

❷ 運動やスポーツの多様性・文化としてのスポーツの意義

1. 運動やスポーツの多様性・文化としてのスポーツの意義とは

　運動やスポーツには、「する」、「見る」、「知る」、「支える」といった多様な関わり方がある。しかし、多くの学習者は「する」か「見る」という関わり方しか経験がない。そのため、「運動やスポーツの多様性」では、「知る」や「支える」といっ

た関わり方があること、その人たちはどのような理由で多様な関わり方を実現しているのか、といった点を中心に学習を進めることが大切である。また、運動やスポーツに日常的に関わっていないと思っている学習者も多いが、体育授業はもちろんのこと、テレビやCMでスポーツ（選手）を見たり、通学や遊びに行くときに運動をしていたり、様々な場面で運動やスポーツにかかわっていることを自覚させることも大切である。

　さらに、スポーツは、人間がよりよく生きていくために生み出してきた文化である。そのため、「文化としてのスポーツの意義」では、国際的なスポーツ大会を取り上げながら、社会の中でスポーツが有する価値や果たしてきた役割について考える必要がある。特に、社会変革を意図したスポーツの世界大会であるオリンピック・パラリンピック競技大会を事例に、経済効果、スポーツ産業の拡大、勝利至上主義の蔓延に伴うドーピング等の問題等について理解を深めることが期待される。

2. 授業づくりのポイント

1）動機づけ

　運動やスポーツの多様性について理解することに興味を持たせるためには、自分の運動・スポーツ経験と関連付けて理解することが大切である。そこでまず、これまでの運動・スポーツ経験を振り返ることから始めることが大切である。ここで言う運動・スポーツ経験は、体育の授業や運動部活動だけではなく、スポーツクラブや近くの公園で遊んだ経験なども含まれる。

　また、スポーツの試合やドキュメンタリー等の映像やスポーツに関わるもの（ユニフォーム、用具、選手のサイン等）を活用することで、運動・スポーツに関する学習に対する意欲を換起することが可能になる。さらに、グループで意見を出し合って、それらの意見を集約してグループの意見をつくり上げていく活動を取り入れることで、様々な考え方を知ると同時にそれらの相違点を検討することで理解を深めることが期待できる。

　また、文化としてのスポーツの意義を理解するために、オリンピック・パラリンピック競技大会が持つ負の側面（ドーピング等）を取り上げ、その是非について様々な意見を出し合うことで、スポーツを文化として理解することの重要性の理解や興味を促進することが期待できる。

2）学び方

　ここでは中学校学習指導要領で取り上げられている「運動やスポーツの多様

性」と「文化としてのスポーツの意義」から学び方を考えていく。

①**運動やスポーツの多様性**

▶**運動やスポーツの必要性と楽しさ**

　運動やスポーツにおける動きが日常生活における動きと類似していることを理解させることが大切である。例えば、特定のスポーツ種目を取り上げて、どのような「動き」で構成されているかを考えさせる活動を行う。その際、技名ではなく、走る、跳ぶ、投げる、打つなどの、できるだけ細かい動きで回答させることで、スポーツにおける動きが日常生活と密接につながっていることの理解を促すことが可能となる。

▶**運動やスポーツへの多様な関わり方**

　スポーツの試合映像を活用することが効果的である。ただし、単に試合の場面だけでなく試合前や試合後の様子も合わせてみることで、選手や監督だけでなく、コーチ、トレーナー、観客、審判、警備員、ボールボーイ、試合の運営会社、スポンサー、アナウンサー、カメラマン、記者、食品販売員等の、様々な人がスポーツの試合の開催に関わっていることに気づかせることが大切である。

　また、スポーツへの関心が低い学習者が多い場合は、グループでスポーツを選んで、そのスポーツごとに試合に関わる人をあげ、それらをクラス全体で集約し、全てのスポーツに共通する関わり方とあるスポーツ特有の関わり方を分けて整理することで、スポーツへの関わり方の多様性が理解しやすくなることが期待できる。また、クラス全体で意見を集約するために付箋を使って意見を集約することも有効である。

▶**運動やスポーツの多様な楽しみ方**

　いま自分が楽しいと感じるスポーツ、もしくはつまらないと感じるスポーツを取り上げて、それがどのような条件で成立しているのかを考えさせる活動が有効である。年齢、性別、仲間、時間、空間、ルール、マナーといった様々な条件が整うことでスポーツを楽しめる（つまらなくなる）ことが理解できる。

▶**高等学校で学ぶ学習内容とのつながり**

　「運動やスポーツの必要性と楽しさ」、「運動やスポーツへの多様な関わり方」で学習した内容は、高校1年生で学ぶ「スポーツの歴史的な発展と多様な変化」の学習内容と関連しており、スポーツの始まりや人類が生み出したスポーツ文化が近代スポーツへの発展につながってきたことについて理解し、このようなスポーツの発展がスポーツのルール、施設や用具、制度や組織の成り立ちにつながり、様々な関わり方にも大きな影響を及ぼしていることについて触れながら進めていくことでより深い理解につなげることができる。

また「運動やスポーツの多様な楽しみ方」で学習した内容は、高校3年生で学ぶ「ライフステージにおけるスポーツの楽しみ方」の学習内容と関連しており、中学校段階で経験した楽しみ方に加え、将来的にどのようなスポーツを楽しみながら過ごしていくかなどについて考えさせ、マラソン、釣り、登山、キャンプ、スポーツ観戦など生涯スポーツとして具体的な例を紹介しながらイメージさせながら進めていくことが効果的である。

②文化としてのスポーツの意義

▶現代社会におけるスポーツの文化的意義

　現代生活においてスポーツが健やかな心身の形成、豊かな交流の創出、自己開発の機会の提供など文化的に重要な意義を持っていることを理解することが重要である。その際、これまでの体育授業や運動部活動、さらには地域スポーツとの関わりを通した運動やスポーツの経験を通して、これらの効果が達成されていることを確認することが重要である。

▶国際的なスポーツ大会などが果たす文化的な意義や役割

　オリンピック・パラリンピック競技大会を取り上げて、これらのスポーツ大会が世界平和や共生社会の実現に大きな影響を及ぼしていることについて理解することが大切である。特に他の世界レベルのスポーツ大会と比較しながら、「なぜオリンピック・パラリンピックでは様々な種目を実施するのか」、「なぜ開会式や閉会式を盛大に行うのか」といったオリンピック・パラリンピック競技大会に特有の取り組みに着目させて、その理由について考えさせることが有効である。

▶人々を結びつけるスポーツの文化的働き

　スポーツが様々なカテゴリーを超えて、人と人がつながることを促す可能性について理解することが大切である。そのために、例えば、近年のオリンピック・パラリンピック競技大会で採用されている男女混合の種目（リレー、ボッチャ、車いすラグビーなど）や難民選手団等を取り上げて、スポーツが民族や国、人種や性などの違いを超えようとしていることを理解させることが可能となる。また、パラスポーツを取り上げて、スポーツが共生社会の実現や多様性についての理解を促すことも理解させることが可能となる。

▶高等学校で学ぶ学習内容とのつながり

　「現代社会におけるスポーツの文化的意義」で学習した内容は高校3年生の「ライフスタイルにおけるスポーツの関わり方」の学習内容と関連しており、スポーツクラブや教室、イベントなど様々な方法での関わり方やライフステージ、ライフスタイルに応じたスポーツの楽しみ方について考え、スポーツ環境やスポーツに関わる職業などを紹介しながら、どのような関わり方をすること

が学習者自身にとって豊かなスポーツライフとなるかを考えさせていくことが効果的である。

また「国際的なスポーツ大会などが果たす文化的な意義や役割」、「人々を結びつけるスポーツの文化的働き」で学習した内容は、高校1年生で学ぶ「現代のスポーツの意義」、「スポーツの経済的効果と高潔さ」、「スポーツが環境や社会にもたらす影響」の学習内容と関連しており、中学校段階で学習したオリンピックやパラリンピックの意義や、国際的なスポーツ大会の経済効果やスポーツ産業の拡大、これに伴う、勝利至上主義やドーピングの蔓延などスポーツが持つ負の側面についても理解することで改めてスポーツの価値や社会的な影響について考えていくことが効果的である。

3）振り返り方（まとめ）

それぞれの単元で学んだことを元に自分のこれからのスポーツとの関わり方を考えさせることで、日常的な運動・スポーツとの関わりを促すことが可能となる。その際、できるだけ具体的にこれからのスポーツとの関わり方を考えさせることが大切である。例えば、「運動やスポーツの必要性と楽しさ」では、授業で出てきた「動き」の中で、自分が日常的に不足している「動き」を見つけ、それをどのように日常生活で取り入れることができるか等を考えさせる。その際、自分の通学路や学校の中の施設を想起して、そのような日常的な環境の中で何をどれくらい実施することができるのか、を考えさせることが大切である。また、スポーツに関連する時事問題を取り上げて、授業で学んだ内容を元に、自分の考えを書かせたり、グループで話し合ったりすることも効果的である。

3 運動やスポーツが心身の発達に与える効果・安全及び効果的な学習の仕方

1. 運動やスポーツが心身の発達に与える効果・安全及び効果的な学習の仕方とは

運動やスポーツを行うことは、体力や身体の動かし方の習得だけでなく、ストレスの解消や自信の獲得等の効果が期待できる。また、ルールやマナーを遵守することを通して、社会性やコミュニケーション能力等を養うこともできる。しかし、これらの効果は、運動やスポーツを適切な方法で行わなければ得ることができない。そのため、運動やスポーツの効果とそれを得るための方法（学び方）を関連して理解する必要があるが、運動やスポーツを「する」経験が豊富でも効果とそのための方法を適切に理解している生徒は少ない。また、一生懸命に頑張るといった心理的な側面だけで学び方を理解している生徒も多く、より効果を得る

ためには適切な方法の選択が必要であることを理解させることが大切である。

2. 授業づくりのポイント

1) 動機づけ

　自分の運動やスポーツの経験を振り返って、得られた効果をあげていく活動を行うことが有効である。ただし、日常的に運動やスポーツを行っていない学習者が身体への効果しか回答できないことが想定される。その場合は、アスリートのイメージとそれがうまれてくる要因を考えさせる活動を行うことで、スポーツを通して得られる多様な効果を考えることができる。また、スポーツを題材とした漫画や小説を分析することも有効である。例えば、バスケットボールを題材とした漫画である『スラムダンク』を取り上げて、元々不良だった主人公の桜木花道が、バスケットボール部での活動を通してルールを守ったり仲間と協力したりすることの大切さを身に付けていった要因を考える活動を行うことが考えられる。また、アメリカンフットボールを題材とした漫画である『アイシールド21』では、一見何を目的としているかわからない練習方法が実は試合でとても有効であったという内容のエピソードを元に、運動やスポーツの方法とその効果の合理的なつながりの重要性に気づかせることができる。

2) 学び方

①運動やスポーツが心身の発達に与える効果と安全

　まず、中学校で学ぶ「運動やスポーツが心身の発達に与える効果と安全」から学び方を考えていく。

　▶運動やスポーツが心身及び社会性に及ぼす効果

　　自分の経験に基づいた運動やスポーツの効果をあげて、身体と心のカテゴリーに分類する活動を行う。そして、それぞれのカテゴリーの効果がなぜ得られるのか、という点について各自の経験の共通点を検討することで、効果とその効果を得る方法が結びついて理解できることが期待できる。その際、運動やスポーツを「する」方法（学び方）だけでなく、「見る」、「知る」、「支える」といった関わり方による効果も考えさせることも重要である。

　▶運動やスポーツの学び方

　　運動やスポーツの課題を解決するための方法について考えさせるために、特定の種目を採り上げて、目標となる動きを習得するための計画を立案する活動を行うことが有効である。その際、Plan-Do-Check-Actionサイクルの枠組みに基づいて計画を考えさせることが大切である。また、個人種目と集団

種目の両方の計画立案に取り組むことで、スポーツ種目やポジションによって必要な練習は異なることやそれらの個々の練習が合理的に結びつくことで課題の解決につながることが理解できるようになることが期待できる。

▶**安全な運動やスポーツの行い方**

　怪我なく安全に運動やスポーツを行うこと、そのために必要なことは何かを考えさせることが大切である。そのためには、些細なミスが大きな怪我につながることを事例的に説明したうえで、運動やスポーツのよりよい方法（学び方）を考える際に効果を高めるための方法にばかり意識がいって、全ての効果を得るための前提条件である安全面の配慮への意識が薄れることを理解させる必要がある。そのうえで、体育の授業や運動部活動等の日常的な運動やスポーツを行う場面において、どのような危険が潜んでいるのか、どのような安全配慮が必要かを考えて、自分でできることを整理することで、学習した内容を日常生活に生かすようになることが期待できる。

②**運動やスポーツの効果的な学習の仕方**

　高等学校では中学校で学習した運動やスポーツの学び方や行い方などの内容を踏まえて、より具体的に運動部活動や体育授業などで行っている運動やスポーツが安全で楽しく実践できている理由について考えさせることが大切である。

▶**運動やスポーツの技能と体力及びスポーツによる障害**

　体力の構成要素などについて理解するために、運動場面や日常生活で実際に体を動かしている場面でどのような体力要素が使われているのかを考えることが有効である。また、災害が起きた時等、これから起こりうる危機的状況を事例に、体力の必要性を考えさせることも効果的である。また、運動部活動の経験者には、具体的な練習内容を取り上げて、それらがどのようなトレーニングの原理原則に基づいているかを理解させることも効果的である。

▶**スポーツの技術と技能及びその変化**

　競技種目の記録の向上と、技術や技能の向上を関連づけて理解させることが大切である。その際、マラソンにおけるシューズ等の具体例をあげることが効果的である。また、競技のルールの変化をテレビ等のメディアの発達との関係で理解することも大切である。

▶**運動やスポーツの上達過程**

　器械運動の倒立前転やバスケットボールのレイアップシュートなど、体育授業で行っている例を取り上げながら、技能の上達過程を細分化して理解させることが大切である。その際、異なる種目間で共通する部分と異なる部分を整理して、それぞれの要因を考えることも効果的である。

▶**運動やスポーツの活動時の健康・安全の確保の仕方**

運動やスポーツの場面におけるけがや事故の原因を理解させることが大切である。その際、各自の運動やスポーツの場面における自分の経験を元に考えさせることが有効である。また、高温多湿の環境が熱中症の発症につながることは、特に理解させる必要がある。その際も、熱中症の環境要因と個人要因の2つの側面から考えさせることで、自分はどのような（予防）行動が必要かを考えさせることができる。

　　なお、「運動やスポーツの効果と学び方や安全な行い方」と「運動やスポーツの効果的な学習の仕方」の学習内容を関連させながら、「運動やスポーツの心身への影響、スポーツ技術の習得、健康で安全に行うための方法」について理解させることが求められる。学年が上がるにつれて、積極的に運動・スポーツに関わる人とそうでない人の二極化が進んでいくことを踏まえると、体の動かし方やトレーニングの効果など運動やスポーツに関する専門的な知識を習得する単元となる高校2年生では、運動やスポーツに興味関心が低い学習者に対しての配慮が必要となる。先述した通り、災害対策と体力の必要性や温暖化による熱中症への対策など、楽しく充実した日常生活を送るためにも、自分自身の体力を知ること、現状の体力に伴う対策や準備が必要なことを考えさせることが重要である。また、実技領域と同時進行で、体つくり運動や陸上・水泳などの領域では、個人の小さな目標と効果を実感できるような単元目標を設定しながら行うことができれば理論と実践を味わうことが期待できる。

3）振り返り方（まとめ）

　授業で学んだ運動やスポーツの方法（学び方）を踏まえて、自らの運動やスポーツの経験と健康状態を関連づけて考えさせることが有効である。食事、睡眠、運動の等を数値で記録して自分の健康状態や将来的な健康被害を理解したうえで、自分に必要な運動やスポーツの方法（学び方）を考えさせる活動を行う。その際、日常的に運動やスポーツを行わない学習者の場合、日常生活の中で行っている運動に気づき、その運動をどのように継続できるかを考えさせることが大切である。例えば、母親とときどき20分ほどの距離を歩いて買い物に行く学習者であれば、このような機会をどうすれば継続できるか、20分の歩く時間で少しでも負荷をかけるためにはどうしたらよいか、といった具体的な方法を考えさせることが重要である。一方で、運動部活動等に所属して日常的に運動やスポーツを行っている学習者の場合、練習で行う具体的な運動で自分なりの課題（制限時間、チームメイトに声をかける回数等）を設定することで、既存の運動やスポーツの方法の改善を志向することが大切である。

4 豊かなスポーツライフの設計

1. 豊かなスポーツライフの設計とは

　第3期スポーツ基本計画（図2−8−2）では、スポーツの価値を高め、すべての人々が生涯にわたる豊かなスポーツライフを実現するために、「つくる／はぐくむ」、「あつまり、ともに、つながる」、「誰もがアクセスできる」の3つの視点が重要であると示されている。これらの視点は、多様な主体がスポーツに参加すること、スポーツを通して共生社会を実現すること、そして誰もが継続的にスポーツに参加すること等を意図している。

　ここでは、高等学校学習指導要領で取り上げる豊かなスポーツライフの設計から、卒業後のスポーツライフの実現を見通して、個人としてのスポーツの楽しみ方、ライフスタイルに応じたスポーツの関わり方について具体的に考えていくことや、日本のスポーツ推進の政策、それらを達成するために必要となる人材や財源等の理解を促すことが必要となる。

2. 授業づくりのポイント

1) 動機づけ

　まずは、「運動・スポーツをするために必要な条件」について考えさせることで、一見当たり前のように享受してきたスポーツ環境が当たり前ではない、ということに気づかせる必要がある。その際、自分のスポーツ経験を振り返りながらできるだけ細かい条件を考えさせることが大切である。もし、思いつかない場合は時間・空間・仲間の3つの「間」に基づいて条件を整理したりすることも有効である。さらに、それらの条件を、高等学校卒業後に必然的に失う条件、頑張れば維持できる条件、そして必ず維持できる条件の3つに大別して整理をする活動を個人もしくはグループで行う。このような活動を通して、「スポーツをするために必要な条件」を認識できるとともに、学校での体育授業や運動部活動がなくなることで運動やスポーツをする機会が大幅に少なくなることに気づかせることが大切である。なお、このようなスポーツをするための条件を考える活動は、これまでの体育理論の学習を通して習得した知識を振り返る機会にもなる。スポーツとの多様な関わり方やスポーツの意義を踏まえて、卒業後のスポーツライフを構想する必要性を認識させることが重要である。

第3期スポーツ基本計画（概要）

［第2期計画期間中の総括］

① **新型コロナウイルス感染症**：
➤ 感染拡大により、スポーツ活動が制限

② **東京オリンピック・パラリンピック競技大会**：
➤ 1年延期後、原則無観客の中で開催

③ **その他社会状況の変化**：
➤ 人口減少・高齢化の進行
➤ 地域間格差の広がり
➤ DXなど急速な技術革新
➤ ライフスタイルの変化
➤ 持続可能な社会や共生社会への移行

こうした出来事等を通じて、改めて確認された
・「楽しさ」「喜び」「自発性」に基づき行われる本質的な**『スポーツそのものが有する価値』**（Well-being）
・スポーツを通じた地域活性化、健康増進による健康長寿社会の実現、経済発展、国際理解の促進など**『スポーツが社会活性化等に寄与する価値』**
を更に高めるべく、第3期計画では次に掲げる施策を展開

1．東京オリ・パラ大会のスポーツ・レガシーの継承・発展に資する重点施策

持続可能な国際競技力の向上
○ 東京大会の成果を一過性のものとせず、持続可能な国際競技力を向上させるため、
・NFの強化戦略プランの実効化を支援
・アスリート育成パスウェイを構築
・スポーツ医・科学、情報等による支援を充実
・地域の競技力向上を支える体制を構築

共生社会の実現や多様な主体によるスポーツ参画の促進
○ 東京大会による共生社会への理解・関心の高まりと、スポーツの機運向上を契機としたスポーツ参画を促進
○ オリパラ教育の知見を活かしたアスリートとの交流活動等を推進

スポーツを通じた国際交流・協力
○ 東京大会に向けて、世界中の人々にスポーツの価値を届けたスポーツ・フォー・トゥモロー（SFT)事業で培われた官民ネットワークを活用し、更なる国際協力を展開、スポーツSDGsにも貢献 （ドーピング防止活動に係る人材・ネットワークの活用等）

大規模大会の運営ノウハウの継承
○ 新型コロナウイルス感染症の影響下という困難な状況の下で、東京大会を実施したノウハウを、スポーツにおけるホスピタリティの向上に向けた取組も含め今後の大規模な国際競技大会の開催運営に継承・活用

地方創生・まちづくり
○ 東京大会による地域住民等のスポーツへの関心の高まりを地方創生・まちづくりの取組に活かし、将来にわたって継続・定着
○ 国立競技場等スポーツ施設における地域のまちづくりと調和した取組を推進

スポーツに関わる者の心身の安全・安心確保
○ 東京大会でも課題となったアスリート等の心身の安全・安心を脅かす事態に対応するため、
・誹謗中傷や性的ハラスメントの防止
・熱中症対策の徹底など安全・安心の確保
・暴力根絶に向けた相談窓口の一層の周知・活用

2．スポーツの価値を高めるための第3期計画の新たな「3つの視点」を支える施策

スポーツを「つくる／はぐくむ」
社会の変化や状況に応じて、既存の仕組みにとらわれずに柔軟に見直し、最適な手法・ルールを考えて作り出す。
◆ 柔軟・適切な手法や仕組みの導入等を通した、多様な主体が参加できるスポーツの機会創出
◆ スポーツに取り組む者の自主性・自律性を促す指導ができる質の高いスポーツ指導者の育成
◆ デジタル技術を活用した新たなスポーツ機会や、新たなビジネスモデルの創出などDXを推進

スポーツで「あつまり、ともに、つながる」
様々な立場・背景・特性を有した人・組織があつまり、ともに課題に対応し、つながりを感じてスポーツを行う。
◆ 施設・設備整備、プログラム提供、啓発活動により誰もが一緒にスポーツの価値を享受できる、スポーツを通じた共生社会の実現
◆ スポーツ団体のガバナンス・経営力強化、関係団体等の連携・協力による我が国のスポーツ体制の強化
◆ スポーツ分野の国際協力や魅力の発信

スポーツに「誰もがアクセスできる」
性別や年齢、障害、経済・地域事情等の違い等によって、スポーツの取組に差が生じない社会を実現し、機運を醸成。
◆ 住民誰もが気軽にスポーツに親しめる「場づくり」等の機会の提供
◆ 居住地域にかかわらず、全国のアスリートがスポーツ医・科学等の支援を受けられるよう地域機関の連携強化
◆ 本人が望まない理由でスポーツを途中で諦めることがない継続的なアクセスの確保

3．今後5年間に総合的かつ計画的に取り組む12の施策

① 多様な主体におけるスポーツの機会創出
地域や学校における子供・若者のスポーツ機会の充実と体力向上、体育の授業の充実、運動部活動改革の推進、女性・障害者・働く世代・子育て世代のスポーツ実施率の向上 等

② スポーツ界におけるDXの推進
先進技術を活用したスポーツ実施のあり方の拡大、デジタル技術を活用した新たなビジネスモデルの創出 等

③ 国際競技力の向上
中長期の強化戦略に基づく競技力向上支援システムの確立、地域における競技力向上を支える体制の構築、国・JSPO・地方公共団体が一体となった国民体育大会の開催 等

④ スポーツの国際交流・協力
国際スポーツ界への意思決定への参画支援、スポーツ産業の国際展開を促進するプラットフォームの検討 等

⑤ スポーツによる健康増進
健康増進に資するスポーツに関する研究の充実・調査研究成果の利用促進、医療・介護や企業・保険者との連携強化 等

⑥ スポーツの成長産業化
スタジアム・アリーナ整備の着実な推進、他産業とのオープンイノベーションによる新ビジネスモデルの創出支援 等

⑦ スポーツによる地方創生、まちづくり
武道やアウトドアスポーツ等のスポーツツーリズムの更なる推進など、スポーツによる地方創生、まちづくりの創出の全国での加速化 等

⑧ スポーツを通じた共生社会の実現
障害者や女性のスポーツの実施環境の整備、国内外のスポーツ団体の女性役員候補者の登用・育成の支援、意識啓発・情報発信 等

⑨ スポーツ団体のガバナンス改革・経営力強化
ガバナンス・コンプライアンスに関する研修等の実施、スポーツ団体の戦略的経営を行う人材の雇用創出を支援 等

⑩ スポーツ推進のためのハード、ソフト、人材
民間・大学も含めた地域スポーツ施設の有効活用の促進、地域スポーツコミッションなど地域連携組織の活用、全NFでの人材育成及び活用に関する計画策定を促進、女性のスポーツ指導に精通した指導者養成支援 等

⑪ スポーツを実施する者の安全・安心の確保
暴力や不適切な指導等の根絶に向けた指導者養成・研修の実施、スポーツ安全に係る情報発信・安全対策の促進 等

⑫ スポーツ・インテグリティの確保
スポーツ団体へのガバナンスコードの普及促進、スポーツ仲裁・調停制度の理解増進等の推進、教育研修や研究活動等を通じたドーピング防止活動の展開 等

『感動していただけるスポーツ界』の実現に向けた目標設定

全ての人が自発的にスポーツに取り組むことで自己実現を図り、スポーツの力で、前向きで活力ある社会と、絆の強い社会を目指す

国民のスポーツ実施率を向上
✓ 成人の**週1回以上のスポーツ実施率**を**70％**（障害者は**40％**）
✓ **1年に一度以上スポーツを実施**する成人の割合を**100％に近づける**（障害者は**70％を目指す**）

生涯にわたって運動・スポーツを継続したい子供の増加
（児童86%⇒**90%**、生徒82%⇒**90%**）

子供の体力の向上
（新体力テストの総合評価C以上の児童68%⇒**80%**、生徒75%⇒**85%**）

誰もがスポーツに参画でき、共に活動できる社会を実現
✓ 体育授業への**参加を希望する障害のある児童生徒の見学ゼロ**を目指した学習プログラム開発
✓ **スポーツ団体の女性理事**の割合を**40%**

オリンピック・パラリンピック等の国際競技大会で、過去最高水準の金メダル数、総メダル数、入賞者数、メダル獲得競技数等の実現

スポーツを通じて活力ある社会を実現
✓ **スポーツ市場規模15兆円**の達成（2025年まで）
✓ **スポーツ・健康まちづくり**に取り組む**地方公共団体**の割合15.6%⇒**40%**

スポーツを通じて世界とつながる
✓ **ポストSFT事業**を通じて**世界中の国々の700万人**の人々への裨益を目標に事業を推進
✓ **国際競技連盟（IF）等役員数37人規模**の維持・拡大

図2－8－2 第3期スポーツ基本計画（概要）
出典：スポーツ庁ホームページ「第3期スポーツ基本計画の概要（簡易版）」
https://www.mext.go.jp/sports/content/000021299_20220316_1.pdf

2) 学び方

　豊かなスポーツライフを実現するためには、ライフステージやライフスタイルに合わせてスポーツライフを設計することが重要である。そのため、まずは「ライフステージ・ライフスタイルに応じた運動・スポーツの楽しみ方」について、具体的に考えさせることが大切である。その際、健康的な生活を送るためにスポーツが重要であることを再確認したうえで、将来的に益々増加することが予測される余暇の時間をどのように過ごすのかが健康寿命の延伸につながることを理解させることが重要である。また、身近で日常的に運動・スポーツをしている人を挙げて、その人がなぜ、どのように運動・スポーツと継続的に関わっているのかという点を検討することも重要である。その際、両親や親戚、近所の人等の中で、日常的に運動・スポーツに関わっている人にインタビューを行う活動は有効である。

　また、「将来的な運動・スポーツとの関わり方」を考えるために、具体的な職業（それに伴うライフスタイル）を想定して、運動・スポーツと関わり続けるために必要な環境を考えさせることも重要である。例えば、クラスの運動部に所属している学習者のスポーツ経験を時系列に整理したうえで、部活動を引退した後にどのように運動・スポーツと関わり続けていくのか、を考えることは有効である。また、現時点で運動・スポーツに携わっていない学習者も、将来的にどのようにスポーツライフを過ごしていきたいか、具体的にイメージさせていくことも重要である。

　さらに、「スポーツに関わる職業」についての理解を深めていくことも大切である。スポーツに関わる職業は何か、と聞くと大抵はスポーツ選手や監督・コーチ、トレーナーといったプロスポーツに関わる職業ばかりに注目がいきがちである。しかし、競技レベルに関係なく、スポーツ大会を思い起こせばわかる通り、審判、カメラマン、記録係、誘導員等の様々な人が関わってスポーツ大会が実現していることは容易に想像がつくであろう。そこで、特定のスポーツ種目を例に、「スポーツに関わる職業」を考えさせ、種目ごとに共通する職業と特定の種目に独自の職業に整理していくことで、より具体的にスポーツに関わる職業を理解することが期待できる。

　さらに、ライフスタイルを想像するときに中高年期や老年期までを見通す必要があることから、保健の学習内容と関連付けながら、運動やスポーツと健康のバランスを意識した関わり方を考えさせることも大切である。主に高校3年生の学習内容となる「豊かなスポーツライフの設計」では中学校1年生の「運動やスポーツの楽しみ方」、中学3年生の「現代生活におけるスポーツの文化的意義」の学習内容が関連しており、スポーツの多様な楽しみ方や日本のスポーツ推進の

ために制定された制度や組織が学習者自身にとって身近でありながら非常に大きな要素となっていること、さらには生涯にわたる豊かなスポーツライフを実現するために大きな影響を及ぼしていることを理解させることが大切である。

3）振り返り方（まとめ）

「豊かなスポーツライフの設計」では、学習者の将来のライフスタイルに応じたスポーツとの関わり方を、どこまで具体的に検討できたのかという点を振り返ることが大切である。その際、高校生にとって中心的な運動・スポーツとの関わり方である「する」だけでなく、「見る」、「知る」、「支える」といった多様な関わり方を想起できているのかを確認する必要がある。そのため、振り返りにおいて各学習者が考えた将来のライフスタイルに即したスポーツとの関わり方を共有する際に、「する」以外の関わり方について積極的に発言することを促す等の支援も求められよう。

体育理論を楽しむために

体育理論は他の運動領域と異なり、個々の運動経験を踏まえ、日常的な運動・スポーツとの関わり方などの経験をクラスメイトと共有することで、学習者の経験や考えに加え、自分にはないスポーツ観について触れることができます。そのためには「なぜ体力テストをやるんだろう」、「なぜスポーツ産業が拡大しているんだろう」、「トップアスリートになるためにはどんな能力が必要なんだろう」など、体育教員という立場から、体力の必要性やスポーツの価値など、教員自身がこれまでに楽しんできたスポーツについて、様々な視点で運動やスポーツについて考えさせることが大切です。

長らく、学校の体育では軽視されやすい領域として扱われてきましたが、むしろ個々の運動経験を統合して卒業後につなげていくための重要な領域であるという認識が必要です。そこで、まずは自分の運動・スポーツ経験を振り返りながら、運動・スポーツの価値（個人や社会にとってどのような影響があるのか）を探索してみましょう。その際、ポジティブな価値だけでなく、ネガティブな価値についても考えてみることが大切です。重要なことは、スポーツの価値は多様であり、変化の激しい時代においてスポーツの価値もまためまぐるしく変化していくこと、そしてその担い手は教室にいる生徒と先生であることをきちんと自覚することです。

学習者は体育理論の授業を通じて、5年後、10年後、30年後、それ以降も自分なりのスポーツの関わり方や、楽しみながら継続できるスポーツライフを描いていくことが重要なポイントです。そのためにはまず、教科教育法の授業の中で、大

学生としての自分自身がどのようなスポーツライフを過ごしているのか、今後はどのようなスポーツライフを継続していきたいのかについて考えてみましょう。それらを踏まえ、教員となった時に話しやすい出来事やエピソードを選定し、その面白さや価値を伝え、自分自身のスポーツに対する思いを交えて授業を行うことができれば、その授業は生徒にとって印象深く、運動やスポーツの興味関心を高めていくことができるはずです。

確認テスト

❖ 基礎問題①
体育理論領域では、中学校から高等学校にかけての6年間で系統的に学んでいくことが求められていますが、中学校・高等学校それぞれどのような観点で学び、理解を深めていくことが求められているでしょうか。説明してみましょう。

❖ 基礎問題②
「文化としてのスポーツの意義」の単元において、オリンピックやパラリンピックなどの世界的なスポーツ大会の社会的な意義や効果と負の側面について具体的に説明してみましょう。

❖ 基礎問題③
「安全な運動やスポーツの行い方」では、体育の授業や運動部活動など、日常的な運動やスポーツの場面における危険予測が安全管理の上で重要となります。上記の場面においてどのような危険が潜んでいるのか、また、それらの危険に対してどのような安全への配慮が必要となるのか、具体的に説明してみましょう。

❖ 基礎問題④
生涯にわたる豊かなスポーツライフを実現するためには、卒業後に自身のライフスタイルに応じたスポーツ環境を見つけ、スポーツライフを設計していくことが重要となります。自身の出身地域における、全ての人々が楽しむことができるスポーツ環境について、地域名、施設名に加えて具体的にどのような楽しみ方ができるのかを説明してみましょう。

◇ 応用問題①

　体育理論の授業において、授業前に生徒が「天気良いから外で運動したかったのに」と言ってきました。あなたなら、どのように返答して体育理論への動機づけを高める工夫をするか、考えてみましょう。

◇ 応用問題②

　体育理論の授業の導入場面では、先生の経験談を話すことで学習への動機づけを高めることができます。各単元で、自分自身のどのような経験が使えるか、考えてみましょう。

COLUMN 7 一般体育　教養体育を通した「チームワーク能力の育成」

　文部科学省は、2012（平成24）年の答申で「学生同士が切磋琢磨し、刺激を受け合いながら知的に成長することができるよう、課題解決型の能動的学修（アクティブ・ラーニング）といった学生の思考や表現を引き出しその知性を鍛える双方向の授業を中心とした質の高いものへと転換する必要がある」と示した。そのため、授業において能動的学修を促進するためには、できるだけ協働せざるを得ない状況を作り出す必要がある。しかし、全く知らない他者との協働は誰もが不安を伴うものである。特に教養体育は、複数の学部・学科の学生を対象に開講されているのが一般的であるため、学部・学科における専門的な授業とは異なり、受講者の所属や学年が様々で、受講者同士が初対面であることが少なくない。このような教養体育の特性は、前述した「健康の保持・増進」のために必要な「仲間づくり」を難しくさせる要因である一方で、社会的スキルを高める機会とも捉えることができる。特に、他者との協働が必然的に求められる運動・スポーツを扱う教養体育は、他の講義型の授業と比べて協働的な場を作りやすく、集団で課題を達成するための「チームワーク能力」[1]の育成の場としての期待は大きい。

　しかし、単にチームもしくはペアで運動・スポーツをするだけでは、技能や知識の差によって協働の仕方が制限されてしまい、チームワーク能力の向上は期待できない。例えばサッカーをやるときに、相対的に技能が低い学生が高い学生に積極的にコミュニケーションをとることは考えにくい。そのため、教養体育を受講する際には、次の2点を心掛けて取り組むことを推奨している。1点目は、プレー以外の自分の役割を遂行することである。教養体育でチームやペアで運動・スポーツをする際には、プレイヤー以外にも、審判、得点係、応援等の多様な役割がある。このような役割を積極的に遂行することで、他者との協働に参画しやすくなり、チームワーク能力の向上も期待できる。2点目は、身体的なコミュニケーションの実施である。チームのメンバーやペアがプレーを成功したときの「ナイス！」や失敗したときの「ドンマイ！」といった声かけに合わせてハイタッチ等の身体的な接触をすることで、よりペアやチームへの所属意識が高まり、積極的に関わる意識が生まれてくる。

　運動・スポーツには、他者との協働の仕方を学ぶきっかけがたくさん隠れている。好き嫌いに関わらず、運動・スポーツを通して社会的スキルを身につけて卒業していってほしい。

引用・参考文献

第1部

第1章

参考文献

- 友添秀則著『体育の人間形成論』大修館書店　2009年
- 岡出美則・友添秀則・岩田靖編『体育科教育学入門三訂版』大修館書店　2021年
- 髙橋徹編『体育原理』みらい　2024年

第2章

引用文献

1）岩田靖著『体育の教材を創る』大修館書店 2012年　pp.17-20, pp.31-34

第3章

引用文献

1）奈須正裕『個別最適な学びと協働的な学び』東洋観出版社　2021年　p.102

参考文献

- 日本体育科教育学会編『体育科教育学研究ハンドブック』大修館書店　2021年　pp.12-16
- Metzler, M.（2017）Instructional Models in Physical Education. Third edition. Routledge.
- Casey, A.（2014）Models-based practice: Great white hope or white elephant? Physical Education and Sport Pedagogy,19（1）:pp.18-34
- Casey, A. and Kirk, D.（2021）Models-based Practice in Physical Education. Routledge.
- 深見英一郎・髙橋健夫・日野克博・吉野聡「体育授業における有効なフィードバック行動に関する検討：特に子どもの受けとめかたや授業評価との関係を中心に」『体育学研究』42巻3号　1997年　pp.167-179
- 文部科学省「小学校学習指導要領（平成29年告示）」
  https://www.mext.go.jp/content/20230120-mxt_kyoiku02-100002604_01.pdf（2024年7月18日参照）
- Dyson, B. and Casey, A.（2012）Cooperative learning in physical education. Routledge.
- D.W.ジョンソン・R.T.ジョンソン・E.J.ホルベック、石田裕久・梅原巳代子訳『学習の輪 ―学び合いの協同教育入門―』二瓶社　2010年
- 栗田昇平・大西祐司「小学校体育授業における協同学習モデルの適用過程：情意・社会的能力の向上を意図した高学年表現運動の実践を対象として」『体育学研究』68巻　2023年　pp.577-596
- Spencer Kagan and Miguel Kagan（2009）Kagan Cooperative Learning. Kagan Publishing.

第4章

参考文献

- 国立教育政策研究所教育課程研究センター『「指導と評価の一体化」のための学習評価に関する参考資料 小学校 体育』東洋館出版社　2020年
- 国立教育政策研究所教育課程研究センター『「指導と評価の一体化」のための学習評価に関する参考資料 中学校 保健体育』東洋館出版社　2020年
- 国立教育政策研究所教育課程研究センター『「指導と評価の一体化」のための学習評価に関する参考資料 高等学校 保健体育』東洋館出版社　2021年
- 国立教育政策研究所教育課程研究センター「学習評価の在り方ハンドブック（小・中学校編）」　2019年
  https://www.nier.go.jp/kaihatsu/pdf/gakushuhyouka_R010613-01.pdf
- 国立教育政策研究所教育課程研究センター「学習評価の在り方ハンドブック（高等学校編）」　2019年
  https://www.nier.go.jp/kaihatsu/pdf/gakushuhyouka_R010613-02.pdf

第2部

第1章

参考文献

- 文部科学省「小学校学習指導要領（平成29年告示）解説 体育編」2017年
- 文部科学省「中学校学習指導要領（平成29年告示）解説 保健体育編」2017年
- 文部科学省「高等学交学習指導要領（平成30年告示）解説 保健体育編 体育編」2018年
- 森勇示「『体つくり運動』の実践提案—『身体アライメント』という視点ー」『愛知教育大学究報告　芸術・保健体育・家政・技術科学・創作編』64巻　pp.27-36
- 白石智也・松本佑介・藤島廉「研究レビューから導出する中学校及び高等学校での「体つくり運動」の課題：保健体育科教員養成課程における教育の質向上に向けた一考察」人間健康学研究　Vol. 4　pp.1-11　2021年
- 南貴大・池田拓斗「学校体育における体つくり運動の実践的位置づけに関する研究—学習指導要領改訂を通して—」『和歌山大学教育学部紀要教育科学』68号 2017年　pp.157-163
- 白旗和也・木下光正・飯塚正規、内田雄三「体つくり運動をどう授業に仕組むか」『体育科教育（4）』2009年 pp.20-29
- 日本学術会議　健康・生活科学委員会 健康・スポーツ科学分科会「子どもの動きの健全な育成をめざして～基本的動作が危ない～」2017年

第2章

参考文献

- 三木四郎著『器械運動の動感指導と運動学』明和出版　2015年
- 三木四郎・加藤澤男・本村清人編著『中・高校　器械運動の授業づくり』大修館書店　2006年
- 文部科学省『小学校学習指導要領（平成29年告示）解説体育編』東洋館出版社　2018年
- 文部科学省『中学校学習指導要領（平成29年告示）解説保健体育編』東山書房　2019年
- 文部科学省『高等学校学習指導要領（平成30年告示）解説保健体育編』東山書房　2019年
- 岡出美則・友添秀則・岩田靖編著『体育科教育学入門［三訂版］』大修館書店　2021年
- 高橋健夫・三木四郎・長野淳次郎・三上肇編著『器械運動の授業づくり』大修館書店　2000年
- 加納岳拓・岡野昇「跳び箱運動における協同的学びに関する実践的研究」『三重大学教育学部研究紀要』第64巻 2013年　pp.287-296
- 高橋健夫・三木四郎・長野淳次郎・三上肇編著『器械運動の授業づくり』大修館書店　2000年

第3章

引用文献

1) 陳洋明・池田延行・藤田育郎「小学校高学年の走り幅跳び授業における指導内容の検討：リズムアップ助走に着目した教材を通して」『スポーツ教育学研究』第32巻第1号　2012年　pp.1-17
2) 藤田育郎・池田延行「体育授業における目標設定の手法に関する研究：小学校高学年の走り高跳びを対象として」『体育・スポーツ科学研究（国士舘大学）』第11巻　2011年　pp.35-39
3) 陳洋明・池田延行「走り高跳び授業における個に応じた目標設定の方法に関する研究：身長と記録の比率による早見表の活用に着目して」『大阪体育大学教育学研究』第4巻　2020年　pp.92-97
4) 池田延行「学年段階による走り高跳びの技術指導のポイント」『体育科教育』第63巻第7号　大修館書店　2015年　pp.42-47

参考文献

- 鈴木康介・友添秀則・吉永武史・梶将徳「小学校高学年の体育授業における短距離走の学習指導プログラムの効果」『スポーツ教育学研究』第36巻第1号　2016年　pp.1-16
- 佐藤善人・髙田由基・田口智洋・揖斐祐治 編著『小学校・中学校のランニング教育：「気持ちいい」から「かっこいい」まで』2018年　大日本図書
- 陳洋明・池田延行「小学校体育の走り幅跳びにおける目標設定の方法を明確にした授業づくりに関する研究」『スポーツ教育学研究』第39巻第1号　2019年　pp.1-18

第4章

参考文献

- 『楽しい体育の授業』編集部『教材研究×体育：素材分析・子ども理解から授業へつなぐ超実践ガイド』明治図書出版 2023年　pp.54-55
- 安田純輝・吉永武史・金沢翔一・深見英一郎「小学校体育科の水泳運動における第3学年児童を対象としたけ伸び習熟のための等質ペア学習を適用した学習指導方略の実践」『体育学研究』69巻　創文企画　2024年　pp.369-387

- 日本水泳連盟・日本スイミングクラブ協会編著『水泳教師教本三訂版』大修館書店　2022年　p.37
- 柴田義晴『オールカラー版DVD付き 基礎からマスター水泳』ナツメ社　2021年　p.94
- 日本水泳連盟『水泳指導教本三訂版』大修館書店　2019年　p.49
- 浜上洋平「水泳だからこそできる「主体的・対話的で深い学び」を求めて」『体育科教育』65巻8号　大修館書店　2017年　pp.20-23
- 岩田靖・吉野聡・日野克博・近藤智晴編『初等体育授業づくり入門』大修館書店　2018年　pp.122-123
- Holmér, I.「Energy cost of arm stroke, leg kick, and the whole stroke in competitive swimming styles.」『European journal of applied physiology and occupational physiology』33巻2号　1974年　pp.105-118
- Lyttle, A.D., Blanksby, B.A., Elliott, B.C., and Lloyd, D.G.「Net forces during tethered simulation of underwater streamlined gliding and kicking techniques of the freestyle turn」『Journal of Sports Sciences』18巻10号　2000年　pp.801-807
- Takeda, T., Ichikawa, H., Takagi, H., and Tsubakimoto, S.「Do differences in initial speed persist to the stroke phase in front-crawl swimming?」『Journal of Sports Sciences』27巻13号　2009年　pp.1449-1454

第6章

参考文献

- 有山篤利・山下秋二「教科体育における柔道の学習内容とその学びの構造に関する検討」『体育科教育学研究』第31巻第1号　2015年　pp.1-16
- 藤澤健幸・渡邉正樹「高等学校の柔道授業における負傷事故の特徴：災害共済給付データの計量テキスト分析から」『学校保健研究』第65巻第4号　2024年　pp.198-208
- 藤澤健幸・渡邉正樹「中学校の柔道授業における武道必修化後の負傷事故分析」『安全教育学研究』第19巻第2号　2020年　pp.3-18
- 福井学「より良い柔道授業の発展に向けて」『月刊武道　1月号』公益財団法人日本武道館　2021年　pp.132-136
- 文部科学省『学校体育実技資料第2集 柔道指導の手引き 三訂版』東洋館出版社　2014年
- 本村清人編著『新しい柔道の授業づくり』大修館書店　2003年
- 中村民雄『今、なぜ武道か―文化と伝統を問う―』日本武道館　2007年　pp.129-135
- 野瀬清喜・磯村元信・木村昌彦・高橋進・田中裕之・竹澤稔裕・鮫島康太・髙橋健司・與儀幸朝・熊野真司『安全で楽しい柔道授業ガイド』公益財団法人全日本柔道連盟　2019年
- 山本悠輔「コロナ禍において技能の習得につながる学習活動の開発をめざした柔道授業」『月刊武道　8月号』公益財団法人日本武道館　2022年　pp.86-90
- 與儀幸朝「柔道授業を初めて履修する中学生を対象とした単元計画の検討」『武道学研究』第49巻第1号　2016年　pp.39-47
- 糸岡夕里・日野克博・中岡祐紀・佐伯沙織・池内裕紀「中学校における「剣道」の授業実践－生徒の剣道に対するイメージに着目して－」『愛媛大学教育学部紀要』第58巻　2011年　pp.137-144
- 武道等指導充実・資質向上支援強化委員会『新中学校学習指導要領に準拠した安全で効果的な剣道授業の展開　ダイジェスト版第4版』公益財団法人日本剣道連盟　2020年
- 本田壮太郎・佐藤皓也・山田弥香「『アダプテーションマッチ』を取り入れた剣道授業に関する研究：中学校第3学年を対象とした実践を通して」『武道学研究』第56巻第2号　2024年　pp.133-148
- 上田長彦「用具と工夫で恐怖心を取り除いた剣道授業の実践例」『月刊武道　2月号』公益財団法人日本武道館　2022年　pp.104-108
- 梅北嘉郎「剣道―経験の少ない生徒に醍醐味を伝える授業」『月刊武道　8月号』公益財団法人日本武道館　2019年　pp.92-98
- 広瀬理奈「相撲(2)―学習意欲をどう喚起させたか」『月刊武道　7月号』公益財団法人日本武道館　2018年　pp.82-87
- 広瀬理奈「相撲(1)―いかに安全に指導するか」『月刊武道　6月号』公益財団法人日本武道館　2018年　pp.82-86
- 公益財団法人日本相撲連盟中学校相撲授業指導法研究委員会『中学校体育相撲指導の手引き―武道必修化に対応した授業づくりのために―』公益財団法人日本相撲連盟　2012年
- 長浦卓也「生徒が夢中になる楽しい相撲授業の挑戦」公益財団法人日本武道館『月刊武道』11月号　2019年　pp.126-130
- 日本相撲連盟監『中学校武道必修化指導書　相撲編』日本武道協議会　2017年

第7章

参考文献

- 文部科学省『小学校学習指導要領（平成29年告示）解説体育編』東洋館出版社　2018年
- 文部科学省『中学校学習指導要領（平成29年告示）解説保健体育編』東山書房　2019年
- 文部科学省『高等学校学習指導要領（平成30年告示）解説保健体育編』東山書房　2019年
- 郡上おどり保存会「郡上おどり」八幡町商工観光課　1998年
- 岡出美則・友添秀則・岩田靖編著『体育科教育学入門』大修館書店　2021年　pp.248-258

コラム

COLUMN 4

引用文献

1) 鹿毛雅治「学習動機づけ研究の動向と展望」『教育心理学年報』 第57巻　2018年　pp.155-170
2) 株式会社平凡社ほか編『最新心理学事典』株式会社平凡社　2013年　pp.548-551
3) 株式会社平凡社ほか編『最新心理学事典』株式会社平凡社　2013年　pp.64-65
4) 文部科学省：高等学校学習指導要領解説保健体育編.https://www.mext.go.jp/content/1407073_07_1_2.pdf

参考文献

● 國部雅大・雨宮怜・江田香織・中須賀巧編『体育・スポーツ心理学』講談社　2023年

COLUMN 5

参考文献

● 朝日新聞（2007）スポーツ合宿盛況　網走でラグビーなど　施設生かし経済効果／北海道．11月18日地方面　北海道総合朝刊
● 朝日新聞（2023a）WBC合宿、経済効果21億円　PR効果は50億円、県が試算／宮崎県．6月7日付地方面　宮崎全県朝刊
● スポーツ庁：【担い手】「地域スポーツコミッション」の設立・活動の支援（スポーツツーリズム関連）．https://www.mext.go.jp/sports/b_menu/sports/mcatetop09/list/detail/1372561.htm（参照日2024年7月19日）

COLUMN 6

引用文献

1) 梶田和宏ほか「わが国の大学における教養体育の開講状況に関する悉皆調査研究」『体育学研究』第63巻　2018年　pp.885-902
2) 兵頭圭介・鈴木明「大学生の健康に関する研究成果のレヴューと課題」『大学体育学研究』第10巻　2013年　pp.3-11

COLUMN 7

引用文献

1) 相川充ほか「個人のチームワーク能力を測定する尺度の開発と妥当性の検討」『社会心理学研究』第27巻第3号　pp.139-150

教員をめざす人の体育指導法
教えることが楽しくなるための理論と実践

2025年4月15日　初版第1刷発行

監　　修　柳川　美麿
編　　集　岡田　悠佑
　　　　　根本　　想
発 行 者　竹鼻　均之
発 行 所　株式会社みらい
　　　　　〒500-8137　岐阜市東興町40番地　第5澤田ビル
　　　　　TEL 058(247)1227(代)　FAX 058(247)1218
　　　　　https://www.mirai-inc.jp
印刷・製本　株式会社太洋社

ISBN 978-4-86015-660-2　C3075　乱丁本・落丁本はお取り替え致します。
Printed in Japan